PORTUGIESISCH
WORTSCHATZ

FÜR DAS SELBSTSTUDIUM

DEUTSCH
PORTUGIESISCH

Die nützlichsten Wörter
Zur Erweiterung Ihres Wortschatzes und
Verbesserung der Sprachfertigkeit

5000 Wörter

Wortschatz Deutsch-Brasilianisch Portugiesisch für das Selbststudium - 5000 Wörter

Von Andrey Taranov

T&P Books Vokabelbücher sind dafür vorgesehen, beim Lernen einer Fremdsprache zu helfen, Wörter zu memorieren und zu wiederholen. Das Wörterbuch ist nach Themen aufgeteilt und deckt alle wichtigen Bereiche des täglichen Lebens, Berufs, Wissenschaft, Kultur etc. ab.

Durch das Benutzen der themenbezogenen T&P Books ergeben sich folgende Vorteile für den Lernprozess:

- Sachgemäß geordnete Informationen bestimmen den späteren Erfolg auf den darauffolgenden Stufen der Memorisierung
- Die Verfügbarkeit von Wörtern, die sich aus der gleichen Wurzel ableiten lassen, erlaubt die Memorisierung von Worteinheiten (mehr als bei einzeln stehenden Wörtern)
- Kleine Worteinheiten unterstützen den Aufbauprozess von assoziativen Verbindungen für die Festigung des Wortschatzes
- Die Kenntnis der Sprache kann aufgrund der Anzahl der gelernten Wörter eingeschätzt werden

Copyright © 2019 T&P Books Publishing

Alle Rechte vorbehalten. Auszüge dieses Buches dürfen nicht ohne schriftliche Erlaubnis des Herausgebers abgedruckt oder mit anderen elektronischen oder mechanischen Mitteln, einschließlich Photokopierung, Aufzeichnung oder durch Informationsspeicherung- und Rückgewinnungssysteme, oder in irgendeiner anderen Form verwendet werden.

T&P Books Publishing
www.tpbooks.com

ISBN: 978-1-78767-466-0

Dieses Buch ist auch im E-Book Format erhältlich.
Besuchen Sie uns auch auf www.tpbooks.com oder auf einer der bedeutenden Buchhandlungen online.

WORTSCHATZ DEUTSCH-BRASILIANISCH PORTUGIESISCH
für das Selbststudium

Die Vokabelbücher von T&P Books sind dafür vorgesehen, Ihnen beim Lernen einer Fremdsprache zu helfen, Wörter zu memorieren und zu wiederholen. Der Wortschatz enthält über 5000 häufig gebrauchte, thematisch geordnete Wörter.

- Der Wortschatz enthält die am häufigsten benutzten Wörter
- Eignet sich als Ergänzung zu jedem Sprachkurs
- Erfüllt die Bedürfnisse von Anfängern und fortgeschrittenen Lernenden von Fremdsprachen
- Praktisch für den täglichen Gebrauch, zur Wiederholung und um sich selbst zu testen
- Ermöglicht es, Ihren Wortschatz einzuschätzen

Besondere Merkmale des Wortschatzes:

- Wörter sind entsprechend ihrer Bedeutung und nicht alphabetisch organisiert
- Wörter werden in drei Spalten präsentiert, um das Wiederholen und den Selbstüberprüfungsprozess zu erleichtern
- Wortgruppen werden in kleinere Einheiten aufgespalten, um den Lernprozess zu fördern
- Der Wortschatz bietet eine praktische und einfache Lautschrift jedes Wortes der Fremdsprache

Der Wortschatz hat 155 Themen, einschließlich:

Grundbegriffe, Zahlen, Farben, Monate, Jahreszeiten, Maßeinheiten, Kleidung und Accessoires, Essen und Ernährung, Restaurant, Familienangehörige, Verwandte, Charaktereigenschaften, Empfindungen, Gefühle, Krankheiten, Großstadt, Kleinstadt, Sehenswürdigkeiten, Einkaufen, Geld, Haus, Zuhause, Büro, Import & Export, Marketing, Arbeitssuche, Sport, Ausbildung, Computer, Internet, Werkzeug, Natur, Länder, Nationalitäten und vieles mehr...

INHALT

Leitfaden für die Aussprache	9
Abkürzungen	10

GRUNDBEGRIFFE 11
Grundbegriffe. Teil 1 11

1. Pronomen	11
2. Grüße. Begrüßungen. Verabschiedungen	11
3. Jemanden ansprechen	12
4. Grundzahlen. Teil 1	12
5. Grundzahlen. Teil 2	13
6. Ordnungszahlen	14
7. Zahlen. Brüche	14
8. Zahlen. Grundrechenarten	14
9. Zahlen. Verschiedenes	14
10. Die wichtigsten Verben. Teil 1	15
11. Die wichtigsten Verben. Teil 2	16
12. Die wichtigsten Verben. Teil 3	17
13. Die wichtigsten Verben. Teil 4	18
14. Farben	19
15. Fragen	19
16. Präpositionen	20
17. Funktionswörter. Adverbien. Teil 1	20
18. Funktionswörter. Adverbien. Teil 2	22

Grundbegriffe. Teil 2 24

19. Wochentage	24
20. Stunden. Tag und Nacht	24
21. Monate. Jahreszeiten	25
22. Maßeinheiten	27
23. Behälter	27

DER MENSCH 29
Der Mensch. Körper 29

24. Kopf	29
25. Menschlicher Körper	30

Kleidung & Accessoires 31

26. Oberbekleidung. Mäntel	31
27. Men's & women's clothing	31

28. Kleidung. Unterwäsche	32
29. Kopfbekleidung	32
30. Schuhwerk	32
31. Persönliche Accessoires	33
32. Kleidung. Verschiedenes	33
33. Kosmetikartikel. Kosmetik	34
34. Armbanduhren Uhren	35

Essen. Ernährung	**36**
35. Essen	36
36. Getränke	37
37. Gemüse	38
38. Obst. Nüsse	39
39. Brot. Süßigkeiten	40
40. Gerichte	40
41. Gewürze	41
42. Mahlzeiten	42
43. Gedeck	43
44. Restaurant	43

Familie, Verwandte und Freunde	**44**
45. Persönliche Informationen. Formulare	44
46. Familienmitglieder. Verwandte	44

Medizin	**46**
47. Krankheiten	46
48. Symptome. Behandlungen. Teil 1	47
49. Symptome. Behandlungen. Teil 2	48
50. Symptome. Behandlungen. Teil 3	49
51. Ärzte	50
52. Medizin. Medikamente. Accessoires	50

LEBENSRAUM DES MENSCHEN	**52**
Stadt	**52**
53. Stadt. Leben in der Stadt	52
54. Innerstädtische Einrichtungen	53
55. Schilder	54
56. Innerstädtischer Transport	55
57. Sehenswürdigkeiten	56
58. Shopping	57
59. Geld	58
60. Post. Postdienst	59

Wohnung. Haus. Zuhause	**60**
61. Haus. Elektrizität	60

62. Villa. Schloss	60
63. Wohnung	60
64. Möbel. Innenausstattung	61
65. Bettwäsche	62
66. Küche	62
67. Bad	63
68. Haushaltsgeräte	64

AKTIVITÄTEN DES MENSCHEN	**65**
Beruf. Geschäft. Teil 1	**65**
69. Büro. Arbeiten im Büro	65
70. Geschäftsabläufe. Teil 1	66
71. Geschäftsabläufe. Teil 2	67
72. Fertigung. Arbeiten	68
73. Vertrag. Zustimmung	69
74. Import & Export	70
75. Finanzen	70
76. Marketing	71
77. Werbung	72
78. Bankgeschäft	72
79. Telefon. Telefongespräche	73
80. Mobiltelefon	74
81. Bürobedarf	74
82. Geschäftsarten	75

Arbeit. Geschäft. Teil 2	**77**
83. Show. Ausstellung	77
84. Wissenschaft. Forschung. Wissenschaftler	78

Berufe und Tätigkeiten	**80**
85. Arbeitsuche. Kündigung	80
86. Geschäftsleute	80
87. Dienstleistungsberufe	81
88. Militärdienst und Ränge	82
89. Beamte. Priester	83
90. Landwirtschaftliche Berufe	83
91. Künstler	84
92. Verschiedene Berufe	84
93. Beschäftigung. Sozialstatus	86

Ausbildung	**87**
94. Schule	87
95. Hochschule. Universität	88
96. Naturwissenschaften. Fächer	89
97. Schrift Rechtschreibung	89
98. Fremdsprachen	90

Erholung. Unterhaltung. Reisen 92

99. Ausflug. Reisen 92
100. Hotel 92

TECHNISCHES ZUBEHÖR. TRANSPORT 94
Technisches Zubehör 94

101. Computer 94
102. Internet. E-Mail 95
103. Elektrizität 96
104. Werkzeug 96

Transport 99

105. Flugzeug 99
106. Zug 100
107. Schiff 101
108. Flughafen 102

Lebensereignisse 104

109. Feiertage. Ereignis 104
110. Bestattungen. Begräbnis 105
111. Krieg. Soldaten 105
112. Krieg. Militärische Aktionen. Teil 1 106
113. Krieg. Militärische Aktionen. Teil 2 108
114. Waffen 109
115. Menschen der Antike 111
116. Mittelalter 111
117. Führungspersonen. Chef. Behörden 113
118. Gesetzesverstoß Verbrecher. Teil 1 114
119. Gesetzesbruch. Verbrecher. Teil 2 115
120. Polizei Recht. Teil 1 116
121. Polizei. Recht. Teil 2 117

NATUR 119
Die Erde. Teil 1 119

122. Weltall 119
123. Die Erde 120
124. Himmelsrichtungen 121
125. Meer. Ozean 121
126. Namen der Meere und Ozeane 122
127. Berge 123
128. Namen der Berge 124
129. Flüsse 124
130. Namen der Flüsse 125
131. Wald 125
132. natürliche Lebensgrundlagen 126

| Die Erde. Teil 2 | 128 |

| 133. Wetter | 128 |
| 134. Unwetter Naturkatastrophen | 129 |

| Fauna | 130 |

135. Säugetiere. Raubtiere	130
136. Tiere in freier Wildbahn	130
137. Haustiere	131
138. Vögel	132
139. Fische. Meerestiere	134
140. Amphibien Reptilien	134
141. Insekten	135

| Flora | 136 |

142. Bäume	136
143. Büsche	136
144. Obst. Beeren	137
145. Blumen. Pflanzen	138
146. Getreide, Körner	139

| LÄNDER. NATIONALITÄTEN | 140 |

147. Westeuropa	140
148. Mittel- und Osteuropa	140
149. Frühere UdSSR Republiken	141
150. Asien	141
151. Nordamerika	142
152. Mittel- und Südamerika	142
153. Afrika	143
154. Australien. Ozeanien	143
155. Städte	143

LEITFADEN FÜR DIE AUSSPRACHE

T&P phonetisches Alphabet	Portugiesisch Beispiel	Deutsch Beispiel

Vokale

[a]	baixo ['baɪʃu]	schwarz
[e]	erro ['eʀu]	Pferde
[ɛ]	leve ['lɛvə]	essen
[i]	lancil [lã'sil]	ihr, finden
[o], [ɔ]	boca, orar ['bokɐ], [ɔ'rar]	wohnen, oft
[u]	urgente [ur'ʒẽtə]	kurz
[ã]	toranja [tu'rãʒɐ]	Nasalvokal [a]
[ẽ]	gente ['ʒẽtə]	sprengen
[ĩ]	seringa [sə'rĩgɐ]	Nasalvokal [i]
[õ]	ponto ['põtu]	Gong
[ũ]	umbigo [ũ'bigu]	Nasalvokal [u]

Konsonanten

[b]	banco ['bãku]	Brille
[d]	duche ['duʃə]	Detektiv
[dʒ]	abade [a'badʒi]	Kambodscha
[f]	facto ['faktu]	fünf
[g]	gorila [gu'rilɐ]	gelb
[j]	feira ['fejrɐ]	Jacke
[k]	claro ['klaru]	Kalender
[l]	Londres ['lõdrəʃ]	Juli
[ʎ]	molho ['moʎu]	Schicksal
[m]	montanha [mõ'tɐɲɐ]	Mitte
[n]	novela [nu'vɛlɐ]	nicht
[ɲ]	senhora [sə'ɲorɐ]	Champagner
[ŋ]	marketing ['marketiŋ]	lang
[p]	prata ['pratɐ]	Polizei
[s]	safira [sə'firɐ]	sein
[ʃ]	texto ['tɛʃtu]	Chance
[t]	teto ['tɛtu]	still
[tʃ]	doente [do'ẽtʃi]	Matsch
[v]	alvo ['alvu]	November
[z]	vizinha [vi'ziɲɐ]	sein
[ʒ]	juntos ['ʒũtuʃ]	Regisseur
[w]	sequoia [sə'kwɔjɐ]	schwanger

ABKÜRZUNGEN
die im Vokabular verwendet werden

Deutsch. Abkürzungen

Adj	- Adjektiv
Adv	- Adverb
Amtsspr.	- Amtssprache
f	- Femininum
f, n	- Femininum, Neutrum
Fem.	- Femininum
m	- Maskulinum
m, f	- Maskulinum, Femininum
m, n	- Maskulinum, Neutrum
Mask.	- Maskulinum
n	- Neutrum
pl	- Plural
Sg.	- Singular
ugs.	- umgangssprachlich
unzähl.	- unzählbar
usw.	- und so weiter
v mod	- Modalverb
vi	- intransitives Verb
vi, vt	- intransitives, transitives Verb
vt	- transitives Verb
zähl.	- zählbar
z.B.	- zum Beispiel

Portugiesisch. Abkürzungen

f	- Femininum
f pl	- Femininum plural
m	- Maskulinum
m pl	- Maskulinum plural
m, f	- Maskulinum, Femininum
pl	- Plural
v aux	- Hilfsverb
vi	- intransitives Verb
vi, vt	- intransitives, transitives Verb
vr	- reflexives Verb
vt	- transitives Verb

GRUNDBEGRIFFE

Grundbegriffe. Teil 1

1. Pronomen

ich	eu	['ew]
du	você	[vɔ'se]
er	ele	['ɛli]
sie	ela	['ɛla]
wir	nós	[nɔs]
ihr	vocês	[vɔ'ses]
sie (Mask.)	eles	['ɛlis]
sie (Fem.)	elas	['ɛlas]

2. Grüße. Begrüßungen. Verabschiedungen

Hallo! (ugs.)	Oi!	[ɔj]
Hallo! (Amtsspr.)	Olá!	[o'la]
Guten Morgen!	Bom dia!	[bõ 'dʒia]
Guten Tag!	Boa tarde!	['boa 'tardʒi]
Guten Abend!	Boa noite!	['boa 'nojtʃi]
grüßen (vi, vt)	cumprimentar (vt)	[kũprimẽ'tar]
Hallo! (ugs.)	Oi!	[ɔj]
Gruß (m)	saudação (f)	[sawda'sãw]
begrüßen (vt)	saudar (vt)	[saw'dar]
Wie geht es Ihnen?	Como você está?	['kɔmu vo'se is'ta]
Wie geht's dir?	Como vai?	['kɔmu 'vaj]
Was gibt es Neues?	E aí, novidades?	[a a'i novi'dadʒis]
Auf Wiedersehen!	Tchau!	['tʃaw]
Bis bald!	Até breve!	[a'tɛ 'brɛvi]
Lebe wohl! Leben Sie wohl!	Adeus!	[a'dews]
sich verabschieden	despedir-se (vr)	[dʒispe'dʒirsi]
Tschüs!	Até mais!	[a'tɛ majs]
Danke!	Obrigado! -a!	[obri'gadu, -a]
Dankeschön!	Muito obrigado! -a!	['mwĩtu obri'gadu, -a]
Bitte (Antwort)	De nada	[de 'nada]
Keine Ursache.	Não tem de quê	['nãw tẽj de ke]
Nichts zu danken.	Não foi nada!	['nãw foj 'nada]
Entschuldige!	Desculpa!	[dʒis'kuwpa]
Entschuldigung!	Desculpe!	[dʒis'kuwpe]

entschuldigen (vt)	desculpar (vt)	[dʒiskuw'par]
sich entschuldigen	desculpar-se (vr)	[dʒiskuw'parsi]
Verzeihung!	Me desculpe	[mi dʒis'kuwpe]
Es tut mir leid!	Desculpe!	[dʒis'kuwpe]
verzeihen (vt)	perdoar (vt)	[per'dwar]
Das macht nichts!	Não faz mal	['nãw fajʒ maw]
bitte (Die Rechnung, ~!)	por favor	[por fa'vor]
Nicht vergessen!	Não se esqueça!	['nãw si is'kesa]
Natürlich!	Com certeza!	[kõ ser'teza]
Natürlich nicht!	Claro que não!	['klaru ki 'nãw]
Gut! Okay!	Está bem! De acordo!	[is'ta bẽj], [de a'kordu]
Es ist genug!	Chega!	['ʃega]

3. Jemanden ansprechen

Entschuldigen Sie!	Desculpe ...	[dʒis'kuwpe]
Herr	senhor	[se'ɲor]
Frau	senhora	[se'ɲora]
Frau (Fräulein)	senhorita	[seɲo'rita]
Junger Mann	jovem	['ʒɔvẽ]
Junge	menino	[me'ninu]
Mädchen	menina	[me'nina]

4. Grundzahlen. Teil 1

null	zero	['zɛru]
eins	um	[ũ]
zwei	dois	['dojs]
drei	três	[tres]
vier	quatro	['kwatru]
fünf	cinco	['sĩku]
sechs	seis	[sejs]
sieben	sete	['sɛtʃi]
acht	oito	['ojtu]
neun	nove	['nɔvi]
zehn	dez	[dɛz]
elf	onze	['õzi]
zwölf	doze	['dozi]
dreizehn	treze	['trezi]
vierzehn	catorze	[ka'torzi]
fünfzehn	quinze	['kĩzi]
sechzehn	dezesseis	[deze'sejs]
siebzehn	dezessete	[dezi'setʃi]
achtzehn	dezoito	[dʒi'zojtu]
neunzehn	dezenove	[deze'nɔvi]
zwanzig	vinte	['vĩtʃi]
einundzwanzig	vinte e um	['vĩtʃi i ũ]

| zweiundzwanzig | vinte e dois | ['vĩtʃi i 'dojs] |
| dreiundzwanzig | vinte e três | ['vĩtʃi i 'tres] |

dreißig	trinta	['trĩta]
einunddreißig	trinta e um	['trĩta i 'ũ]
zweiunddreißig	trinta e dois	['trĩta i 'dojs]
dreiunddreißig	trinta e três	['trĩta i 'tres]

vierzig	quarenta	[kwa'rẽta]
einundvierzig	quarenta e um	[kwa'rẽta i 'ũ]
zweiundvierzig	quarenta e dois	[kwa'rẽta i 'dojs]
dreiundvierzig	quarenta e três	[kwa'rẽta i 'tres]

fünfzig	cinquenta	[sĩ'kwẽta]
einundfünfzig	cinquenta e um	[sĩ'kwẽta i 'ũ]
zweiundfünfzig	cinquenta e dois	[sĩ'kwẽta i 'dojs]
dreiundfünfzig	cinquenta e três	[sĩ'kwẽta i 'tres]

sechzig	sessenta	[se'sẽta]
einundsechzig	sessenta e um	[se'sẽta i 'ũ]
zweiundsechzig	sessenta e dois	[se'sẽta i 'dojs]
dreiundsechzig	sessenta e três	[se'sẽta i 'tres]

siebzig	setenta	[se'tẽta]
einundsiebzig	setenta e um	[se'tẽta i 'ũ]
zweiundsiebzig	setenta e dois	[se'tẽta i 'dojs]
dreiundsiebzig	setenta e três	[se'tẽta i 'tres]

achtzig	oitenta	[oj'tẽta]
einundachtzig	oitenta e um	[oj'tẽta i 'ũ]
zweiundachtzig	oitenta e dois	[oj'tẽta i 'dojs]
dreiundachtzig	oitenta e três	[oj'tẽta i 'tres]

neunzig	noventa	[no'vẽta]
einundneunzig	noventa e um	[no'vẽta i 'ũ]
zweiundneunzig	noventa e dois	[no'vẽta i 'dojs]
dreiundneunzig	noventa e três	[no'vẽta i 'tres]

5. Grundzahlen. Teil 2

einhundert	cem	[sẽ]
zweihundert	duzentos	[du'zẽtus]
dreihundert	trezentos	[tre'zẽtus]
vierhundert	quatrocentos	[kwatro'sẽtus]
fünfhundert	quinhentos	[ki'ɲẽtus]

sechshundert	seiscentos	[sej'sẽtus]
siebenhundert	setecentos	[sete'sẽtus]
achthundert	oitocentos	[ojtu'sẽtus]
neunhundert	novecentos	[nove'sẽtus]

eintausend	mil	[miw]
zweitausend	dois mil	['dojs miw]
dreitausend	três mil	['tres miw]

zehntausend	dez mil	['dɛz miw]
hunderttausend	cem mil	[sẽ miw]
Million (f)	um milhão	[ũ mi'ʎãw]
Milliarde (f)	um bilhão	[ũ bi'ʎãw]

6. Ordnungszahlen

der erste	primeiro	[pri'mejru]
der zweite	segundo	[se'gũdu]
der dritte	terceiro	[ter'sejru]
der vierte	quarto	['kwartu]
der fünfte	quinto	['kĩtu]
der sechste	sexto	['sestu]
der siebte	sétimo	['sɛtʃimu]
der achte	oitavo	[oj'tavu]
der neunte	nono	['nonu]
der zehnte	décimo	['dɛsimu]

7. Zahlen. Brüche

Bruch (m)	fração (f)	[fra'sãw]
Hälfte (f)	um meio	[ũ 'meju]
Drittel (n)	um terço	[ũ 'tersu]
Viertel (n)	um quarto	[ũ 'kwartu]
Achtel (m, n)	um oitavo	[ũ oj'tavu]
Zehntel (n)	um décimo	[ũ 'dɛsimu]
zwei Drittel	dois terços	['dojs 'tersus]
drei Viertel	três quartos	[tres 'kwartus]

8. Zahlen. Grundrechenarten

Subtraktion (f)	subtração (f)	[subtra'sãw]
subtrahieren (vt)	subtrair (vi, vt)	[subtra'ir]
Division (f)	divisão (f)	[dʒivi'zãw]
dividieren (vt)	dividir (vt)	[dʒivi'dʒir]
Addition (f)	adição (f)	[adʒi'sãw]
addieren (vt)	somar (vt)	[so'mar]
hinzufügen (vt)	adicionar (vt)	[adʒisjo'nar]
Multiplikation (f)	multiplicação (f)	[muwtʃiplika'sãw]
multiplizieren (vt)	multiplicar (vt)	[muwtʃipli'kar]

9. Zahlen. Verschiedenes

| Ziffer (f) | algarismo, dígito (m) | [awga'rizmu], ['dʒiʒitu] |
| Zahl (f) | número (m) | ['numeru] |

Zahlwort (n)	numeral (m)	[nume'raw]
Minus (n)	sinal (m) de menos	[si'naw de 'menus]
Plus (n)	mais (m)	[majs]
Formel (f)	fórmula (f)	['fɔrmula]

Berechnung (f)	cálculo (m)	['kawkulu]
zählen (vt)	contar (vt)	[kõ'tar]
berechnen (vt)	calcular (vt)	[kawku'lar]
vergleichen (vt)	comparar (vt)	[kõpa'rar]

| Wie viel? | Quanto? | ['kwãtu] |
| Wie viele? | Quantos? -as? | ['kwãtus, -as] |

Summe (f)	soma (f)	['sɔma]
Ergebnis (n)	resultado (m)	[hezuw'tadu]
Rest (m)	resto (m)	['hɛstu]

einige (~ Tage)	alguns, algumas ...	[aw'gũs], [aw'gumas]
einige, ein paar	poucos, poucas	['pokus], ['pokas]
wenig (es kostet ~)	um pouco ...	[ũ 'poku]
Übrige (n)	resto (m)	['hɛstu]
anderthalb	um e meio	[ũ i 'meju]
Dutzend (n)	dúzia (f)	['duzja]

entzwei (Adv)	ao meio	[aw 'meju]
zu gleichen Teilen	em partes iguais	[ẽ 'partʃis i'gwais]
Hälfte (f)	metade (f)	[me'tadʒi]
Mal (n)	vez (f)	[vez]

10. Die wichtigsten Verben. Teil 1

abbiegen (nach links ~)	virar (vi)	[vi'rar]
abschicken (vt)	enviar (vt)	[ẽ'vjar]
ändern (vt)	mudar (vt)	[mu'dar]
andeuten (vt)	dar uma dica	[dar 'uma 'dʒika]
Angst haben	ter medo	[ter 'medu]

ankommen (vi)	chegar (vi)	[ʃe'gar]
antworten (vi)	responder (vt)	[hespõ'der]
arbeiten (vi)	trabalhar (vi)	[traba'ʎar]
auf ... zählen	contar com ...	[kõ'tar kõ]
aufbewahren (vt)	guardar (vt)	[gwar'dar]

aufschreiben (vt)	anotar (vt)	[ano'tar]
ausgehen (vi)	sair (vi)	[sa'ir]
aussprechen (vt)	pronunciar (vt)	[pronũ'sjar]
bedauern (vt)	arrepender-se (vr)	[ahepẽ'dersi]
bedeuten (vt)	significar (vt)	[signifi'kar]
beenden (vt)	acabar, terminar (vt)	[aka'bar], [termi'nar]

befehlen (Milit.)	ordenar (vt)	[orde'nar]
befreien (Stadt usw.)	libertar, liberar (vt)	[liber'tar], [libe'rar]
beginnen (vt)	começar (vt)	[kome'sar]
bemerken (vt)	perceber (vt)	[perse'ber]

beobachten (vt)	observar (vt)	[obser'var]
berühren (vt)	tocar (vt)	[to'kar]
besitzen (vt)	possuir (vt)	[po'swir]
besprechen (vt)	discutir (vt)	[dʒisku'tʃir]
bestehen auf	insistir (vi)	[ĩsis'tʃir]
bestellen (im Restaurant)	pedir (vt)	[pe'dʒir]

bestrafen (vt)	punir (vt)	[pu'nir]
beten (vi)	rezar, orar (vi)	[he'zar], [o'rar]
bitten (vt)	pedir (vt)	[pe'dʒir]
brechen (vt)	quebrar (vt)	[ke'brar]
denken (vi, vt)	pensar (vi, vt)	[pẽ'sar]

drohen (vi)	ameaçar (vt)	[amea'sar]
Durst haben	ter sede	[ter 'sedʒi]
einladen (vt)	convidar (vt)	[kõvi'dar]
einstellen (vt)	cessar (vt)	[se'sar]
einwenden (vt)	objetar (vt)	[obʒe'tar]
empfehlen (vt)	recomendar (vt)	[hekomẽ'dar]

erklären (vt)	explicar (vt)	[ispli'kar]
erlauben (vt)	permitir (vt)	[permi'tʃir]
ermorden (vt)	matar (vt)	[ma'tar]
erwähnen (vt)	mencionar (vt)	[mẽsjo'nar]
existieren (vi)	existir (vi)	[ezis'tʃir]

11. Die wichtigsten Verben. Teil 2

fallen (vi)	cair (vi)	[ka'ir]
fallen lassen	deixar cair (vt)	[dej'ʃar ka'ir]
fangen (vt)	pegar (vt)	[pe'gar]
finden (vt)	encontrar (vt)	[ẽkõ'trar]
fliegen (vi)	voar (vi)	[vo'ar]

folgen (Folge mir!)	seguir ...	[se'gir]
fortsetzen (vt)	continuar (vt)	[kõtʃi'nwar]
fragen (vt)	perguntar (vt)	[pergũ'tar]
frühstücken (vi)	tomar café da manhã	[to'mar ka'fɛ da ma'ɲã]
geben (vt)	dar (vt)	[dar]

gefallen (vi)	gostar (vt)	[gos'tar]
gehen (zu Fuß gehen)	ir (vi)	[ir]
gehören (vi)	pertencer (vt)	[pertẽ'ser]
graben (vt)	cavar (vt)	[ka'var]

haben (vt)	ter (vt)	[ter]
helfen (vi)	ajudar (vt)	[aʒu'dar]
herabsteigen (vi)	descer (vi)	[de'ser]
hereinkommen (vi)	entrar (vi)	[ẽ'trar]

hoffen (vi)	esperar (vi, vt)	[ispe'rar]
hören (vt)	ouvir (vt)	[o'vir]
hungrig sein	ter fome	[ter 'fɔmi]
informieren (vt)	informar (vt)	[ĩfor'mar]

jagen (vi)	caçar (vi)	[ka'sar]
kennen (vt)	conhecer (vt)	[koɲe'ser]
klagen (vi)	queixar-se (vr)	[kej'ʃarsi]
können (v mod)	poder (vi)	[po'der]
kontrollieren (vt)	controlar (vt)	[kõtro'lar]
kosten (vt)	custar (vt)	[kus'tar]
kränken (vt)	insultar (vt)	[ĩsuw'tar]
lächeln (vi)	sorrir (vi)	[so'hir]
lachen (vi)	rir (vi)	[hir]
laufen (vi)	correr (vi)	[ko'her]
leiten (Betrieb usw.)	dirigir (vt)	[dʒiri'ʒir]
lernen (vt)	estudar (vt)	[istu'dar]
lesen (vi, vt)	ler (vt)	[ler]
lieben (vt)	amar (vt)	[a'mar]
machen (vt)	fazer (vt)	[fa'zer]
mieten (Haus usw.)	alugar (vt)	[alu'gar]
nehmen (vt)	pegar (vt)	[pe'gar]
noch einmal sagen	repetir (vt)	[hepe'tʃir]
nötig sein	ser necessário	[ser nese'sarju]
öffnen (vt)	abrir (vt)	[a'brir]

12. Die wichtigsten Verben. Teil 3

planen (vt)	planejar (vt)	[plane'ʒar]
prahlen (vi)	gabar-se (vr)	[ga'barsi]
raten (vt)	aconselhar (vt)	[akõse'ʎar]
rechnen (vt)	contar (vt)	[kõ'tar]
reservieren (vt)	reservar (vt)	[hezer'var]
retten (vt)	salvar (vt)	[saw'var]
richtig raten (vt)	adivinhar (vt)	[adʒivi'ɲar]
rufen (um Hilfe ~)	chamar (vt)	[ʃa'mar]
sagen (vt)	dizer (vt)	[dʒi'zer]
schaffen (Etwas Neues zu ~)	criar (vt)	[krjar]
schelten (vt)	ralhar, repreender (vt)	[ha'ʎar], [heprjẽ'der]
schießen (vi)	disparar, atirar (vi)	[dʒispa'rar], [atʃi'rar]
schmücken (vt)	decorar (vt)	[deko'rar]
schreiben (vi, vt)	escrever (vt)	[iskre'ver]
schreien (vi)	gritar (vi)	[gri'tar]
schweigen (vi)	ficar em silêncio	[fi'kar ẽ si'lẽsju]
schwimmen (vi)	nadar (vi)	[na'dar]
schwimmen gehen	ir nadar	[ir na'dar]
sehen (vi, vt)	ver (vt)	[ver]
sein (Lehrer ~)	ser (vi)	[ser]
sein (müde ~)	estar (vi)	[is'tar]
sich beeilen	apressar-se (vr)	[apre'sarsi]
sich entschuldigen	desculpar-se (vr)	[dʒiskuw'parsi]
sich interessieren	interessar-se (vr)	[ĩtere'sarsi]

sich irren	errar (vi)	[e'har]
sich setzen	sentar-se (vr)	[sẽ'tarsi]
sich weigern	negar-se (vt)	[ne'garsi]
spielen (vi, vt)	brincar, jogar (vi, vt)	[brĩ'kar], [ʒo'gar]
sprechen (vi)	falar (vi)	[fa'lar]
staunen (vi)	surpreender-se (vr)	[surprjẽ'dersi]
stehlen (vt)	roubar (vt)	[ho'bar]
stoppen (vt)	parar (vi)	[pa'rar]
suchen (vt)	buscar (vt)	[bus'kar]

13. Die wichtigsten Verben. Teil 4

täuschen (vt)	enganar (vt)	[ẽga'nar]
teilnehmen (vi)	participar (vi)	[partʃisi'par]
übersetzen (Buch usw.)	traduzir (vt)	[tradu'zir]
unterschätzen (vt)	subestimar (vt)	[subestʃi'mar]
unterschreiben (vt)	assinar (vt)	[asi'nar]
vereinigen (vt)	unir (vt)	[u'nir]
vergessen (vt)	esquecer (vt)	[iske'ser]
vergleichen (vt)	comparar (vt)	[kõpa'rar]
verkaufen (vt)	vender (vt)	[vẽ'der]
verlangen (vt)	exigir (vt)	[ezi'ʒir]
versäumen (vt)	faltar a ...	[faw'tar a]
versprechen (vt)	prometer (vt)	[prome'ter]
verstecken (vt)	esconder (vt)	[iskõ'der]
verstehen (vt)	entender (vt)	[ẽtẽ'der]
versuchen (vt)	tentar (vt)	[tẽ'tar]
verteidigen (vt)	defender (vt)	[defẽ'der]
vertrauen (vi)	confiar (vt)	[kõ'fjar]
verwechseln (vt)	confundir (vt)	[kõfũ'dʒir]
verzeihen (vi, vt)	desculpar (vt)	[dʒiskuw'par]
verzeihen (vt)	perdoar (vt)	[per'dwar]
voraussehen (vt)	prever (vt)	[pre'ver]
vorschlagen (vt)	propor (vt)	[pro'por]
vorziehen (vt)	preferir (vt)	[prefe'rir]
wählen (vt)	escolher (vt)	[isko'ʎer]
warnen (vt)	advertir (vt)	[adʒiver'tʃir]
warten (vi)	esperar (vt)	[ispe'rar]
weinen (vi)	chorar (vi)	[ʃo'rar]
wissen (vt)	saber (vt)	[sa'ber]
Witz machen	brincar (vi)	[brĩ'kar]
wollen (vt)	querer (vt)	[ke'rer]
zahlen (vt)	pagar (vt)	[pa'gar]
zeigen (jemandem etwas)	mostrar (vt)	[mos'trar]
zu Abend essen	jantar (vi)	[ʒã'tar]
zu Mittag essen	almoçar (vi)	[awmo'sar]
zubereiten (vt)	preparar (vt)	[prepa'rar]

zustimmen (vi)	concordar (vi)	[kõkor'dar]
zweifeln (vi)	duvidar (vt)	[duvi'dar]

14. Farben

Farbe (f)	cor (f)	[kɔr]
Schattierung (f)	tom (m)	[tõ]
Farbton (m)	tonalidade (m)	[tonali'dadʒi]
Regenbogen (m)	arco-íris (m)	['arku 'iris]

weiß	branco	['brãku]
schwarz	preto	['pretu]
grau	cinza	['sĩza]

grün	verde	['verdʒi]
gelb	amarelo	[ama'rɛlu]
rot	vermelho	[ver'meʎu]

blau	azul	[a'zuw]
hellblau	azul claro	[a'zuw 'klaru]
rosa	rosa	['hɔza]
orange	laranja	[la'rãʒa]
violett	violeta	[vjo'leta]
braun	marrom	[ma'hõ]

golden	dourado	[do'radu]
silbrig	prateado	[pra'tʃjadu]

beige	bege	['bɛʒi]
cremefarben	creme	['krɛmi]
türkis	turquesa	[tur'keza]
kirschrot	vermelho cereja	[ver'meʎu se'reʒa]
lila	lilás	[li'las]
himbeerrot	carmim	[kah'mĩ]

hell	claro	['klaru]
dunkel	escuro	[is'kuru]
grell	vivo	['vivu]

Farb- (z.B. -stifte)	de cor	[de kɔr]
Farb- (z.B. -film)	a cores	[a 'kores]
schwarz-weiß	preto e branco	['pretu i 'brãku]
einfarbig	de uma só cor	[de 'uma sɔ kɔr]
bunt	multicolor	[muwtʃiko'lor]

15. Fragen

Wer?	Quem?	[kẽj]
Was?	O que?	[u ki]
Wo?	Onde?	['õdʒi]
Wohin?	Para onde?	['para 'õdʒi]
Woher?	De onde?	[de 'õdʒi]

19

Wann?	Quando?	['kwãdu]
Wozu?	Para quê?	['para ke]
Warum?	Por quê?	[por 'ke]
Wofür?	Para quê?	['para ke]
Wie?	Como?	['kɔmu]
Welcher?	Qual?	[kwaw]
Wem?	A quem?	[a kẽj]
Über wen?	De quem?	[de kẽj]
Wovon? (~ sprichst du?)	Do quê?	[du ke]
Mit wem?	Com quem?	[kõ kẽj]
Wie viele?	Quantos? -as?	['kwãtus, -as]
Wie viel?	Quanto?	['kwãtu]
Wessen?	De quem?	[de kẽj]

16. Präpositionen

mit (Frau ~ Katzen)	com	[kõ]
ohne (~ Dich)	sem	[sẽ]
nach (~ London)	a ..., para ...	[a], ['para]
über (~ Geschäfte sprechen)	sobre ...	['sobri]
vor (z.B. ~ acht Uhr)	antes de ...	['ãtʃis de]
vor (z.B. ~ dem Haus)	em frente de ...	[ẽ 'frẽtʃi de]
unter (~ dem Schirm)	debaixo de ...	[de'baɪʃu de]
über (~ dem Meeresspiegel)	sobre ..., em cima de ...	['sobri], [ẽ 'sima de]
auf (~ dem Tisch)	em ..., sobre ...	[ẽ], ['sobri]
aus (z.B. ~ München)	de ...	[de]
aus (z.B. ~ Porzellan)	de ...	[de]
in (~ zwei Tagen)	em ...	[ẽ]
über (~ zaun)	por cima de ...	[por 'sima de]

17. Funktionswörter. Adverbien. Teil 1

Wo?	Onde?	['õdʒi]
hier	aqui	[a'ki]
dort	lá, ali	[la], [a'li]
irgendwo	em algum lugar	[ẽ aw'gũ lu'gar]
nirgends	em lugar nenhum	[ẽ lu'gar ne'ɲũ]
an (bei)	perto de ...	['pɛrtu de]
am Fenster	perto da janela	['pɛrtu da ʒa'nɛla]
Wohin?	Para onde?	['para 'õdʒi]
hierher	aqui	[a'ki]
dahin	para lá	['para la]
von hier	daqui	[da'ki]
von da	de lá, dali	[de la], [da'li]

nah (Adv)	perto	['pɛrtu]
weit, fern (Adv)	longe	['lõʒi]
in der Nähe von ...	perto de ...	['pɛrtu de]
in der Nähe	à mão, perto	[a mãw], ['pɛrtu]
unweit (~ unseres Hotels)	não fica longe	['nãw 'fika 'lõʒi]
link (Adj)	esquerdo	[is'kerdu]
links (Adv)	à esquerda	[a is'kerda]
nach links	para a esquerda	['para a is'kerda]
recht (Adj)	direito	[dʒi'rejtu]
rechts (Adv)	à direita	[a dʒi'rejta]
nach rechts	para a direita	['para a dʒi'rejta]
vorne (Adv)	em frente	[ẽ 'frẽtʃi]
Vorder-	da frente	[da 'frẽtʃi]
vorwärts	adiante	[a'dʒjãtʃi]
hinten (Adv)	atrás de ...	[a'trajs de]
von hinten	de trás	[de trajs]
rückwärts (Adv)	para trás	['para trajs]
Mitte (f)	meio (m), metade (f)	['meju], [me'tadʒi]
in der Mitte	no meio	[nu 'meju]
seitlich (Adv)	do lado	[du 'ladu]
überall (Adv)	em todo lugar	[ẽ 'todu lu'gar]
ringsherum (Adv)	por todos os lados	[por 'todus os 'ladus]
von innen (Adv)	de dentro	[de 'dẽtru]
irgendwohin (Adv)	para algum lugar	['para aw'gũ lu'gar]
geradeaus (Adv)	diretamente	[dʒireta'mẽtʃi]
zurück (Adv)	de volta	[de 'vɔwta]
irgendwoher (Adv)	de algum lugar	[de aw'gũ lu'gar]
von irgendwo (Adv)	de algum lugar	[de aw'gũ lu'gar]
erstens	em primeiro lugar	[ẽ pri'mejru lu'gar]
zweitens	em segundo lugar	[ẽ se'gũdu lu'gar]
drittens	em terceiro lugar	[ẽ ter'sejru lu'gar]
plötzlich (Adv)	de repente	[de he'pẽtʃi]
zuerst (Adv)	no início	[nu i'nisju]
zum ersten Mal	pela primeira vez	['pɛla pri'mejra 'vez]
lange vor...	muito antes de ...	['mwĩtu 'ãtʃis de]
von Anfang an	de novo	[de 'novu]
für immer	para sempre	['para 'sẽpri]
nie (Adv)	nunca	['nũka]
wieder (Adv)	de novo	[de 'novu]
jetzt (Adv)	agora	[a'gɔra]
oft (Adv)	frequentemente	[frekwẽtʃi'mẽtʃi]
damals (Adv)	então	[ẽ'tãw]
dringend (Adv)	urgentemente	[urʒẽte'mẽtʃi]
gewöhnlich (Adv)	normalmente	[nɔrmaw'mẽtʃi]

T&P Books. Wortschatz Deutsch-Brasilianisch Portugiesisch für das Selbststudium - 5000 Wörter

übrigens, ...	a propósito, ...	[a pro'pɔzitu]
möglicherweise (Adv)	é possível	[ɛ po'sivew]
wahrscheinlich (Adv)	provavelmente	[provavɛw'mẽtʃi]
vielleicht (Adv)	talvez	[taw'vez]
außerdem ...	além disso, ...	[a'lẽj 'dʒisu]
deshalb ...	por isso ...	[por 'isu]
trotz ...	apesar de ...	[ape'zar de]
dank ...	graças a ...	['grasas a]

was (~ ist denn?)	que	[ki]
das (~ ist alles)	que	[ki]
etwas	algo	[awgu]
irgendwas	alguma coisa	[aw'guma 'kojza]
nichts	nada	['nada]

wer (~ ist ~?)	quem	[kẽj]
jemand	alguém	[aw'gẽj]
irgendwer	alguém	[aw'gẽj]

niemand	ninguém	[nĩ'gẽj]
nirgends	para lugar nenhum	['para lu'gar ne'ɲũ]
niemandes (~ Eigentum)	de ninguém	[de nĩ'gẽj]
jemandes	de alguém	[de aw'gẽj]

so (derart)	tão	[tãw]
auch	também	[tã'bẽj]
ebenfalls	também	[tã'bẽj]

18. Funktionswörter. Adverbien. Teil 2

Warum?	Por quê?	[por 'ke]
aus irgendeinem Grund	por alguma razão	[por aw'guma ha'zãw]
weil ...	porque ...	[por'ke]
zu irgendeinem Zweck	por qualquer razão	[por kwaw'ker ha'zãw]

und	e	[i]
oder	ou	['o]
aber	mas	[mas]
für (präp)	para	['para]

zu (~ viele)	muito, demais	['mwĩtu], [dʒi'majs]
nur (~ einmal)	só, somente	[sɔ], [sɔ'mẽtʃi]
genau (Adv)	exatamente	[ɛzata'mẽtʃi]
etwa	cerca de ...	['serka de]

ungefähr (Adv)	aproximadamente	[aprosimada'mẽti]
ungefähr (Adj)	aproximado	[aprosi'madu]
fast	quase	['kwazi]
Übrige (n)	resto (m)	['hɛstu]

der andere	o outro	[u 'otru]
andere	outro	['otru]
jeder (~ Mann)	cada	['kada]
beliebig (Adj)	qualquer	[kwaw'ker]

22

viel (zähl.)	muitos, muitas	['mwĩtos], ['mwĩtas]
viel (unzähl.)	muito	['mwĩtu]
viele Menschen	muitas pessoas	['mwĩtas pe'soas]
alle (wir ~)	todos	['todus]
im Austausch gegen ...	em troca de ...	[ẽ 'trɔka de]
dafür (Adv)	em troca	[ẽ 'trɔka]
mit der Hand (Hand-)	à mão	[a mãw]
schwerlich (Adv)	pouco provável	['poku pro'vavew]
wahrscheinlich (Adv)	provavelmente	[provavεw'mẽtʃi]
absichtlich (Adv)	de propósito	[de pro'pɔzitu]
zufällig (Adv)	por acidente	[por asi'dẽtʃi]
sehr (Adv)	muito	['mwĩtu]
zum Beispiel	por exemplo	[por e'zẽplu]
zwischen	entre	['ẽtri]
unter (Wir sind ~ Mördern)	entre, no meio de ...	['ẽtri], [nu 'meju de]
so viele (~ Ideen)	tanto	['tãtu]
besonders (Adv)	especialmente	[ispesjal'mẽte]

Grundbegriffe. Teil 2

19. Wochentage

Montag (m)	segunda-feira (f)	[se'gũda-'fejra]
Dienstag (m)	terça-feira (f)	['tersa 'fejra]
Mittwoch (m)	quarta-feira (f)	['kwarta-'fejra]
Donnerstag (m)	quinta-feira (f)	['kĩta-'fejra]
Freitag (m)	sexta-feira (f)	['sesta-'fejra]
Samstag (m)	sábado (m)	['sabadu]
Sonntag (m)	domingo (m)	[do'mĩgu]
heute	hoje	['oʒi]
morgen	amanhã	[ama'ɲã]
übermorgen	depois de amanhã	[de'pojs de ama'ɲã]
gestern	ontem	['õtẽ]
vorgestern	anteontem	[ãtʃi'õtẽ]
Tag (m)	dia (m)	['dʒia]
Arbeitstag (m)	dia (m) de trabalho	['dʒia de tra'baʎu]
Feiertag (m)	feriado (m)	[fe'rjadu]
freier Tag (m)	dia (m) de folga	['dʒia de 'fɔwga]
Wochenende (n)	fim (m) de semana	[fĩ de se'mana]
den ganzen Tag	o dia todo	[u 'dʒia 'todu]
am nächsten Tag	no dia seguinte	[nu 'dʒia se'gĩtʃi]
zwei Tage vorher	há dois dias	[a 'dojs 'dʒias]
am Vortag	na véspera	[na 'vɛspera]
täglich (Adj)	diário	['dʒjarju]
täglich (Adv)	todos os dias	['todus us 'dʒias]
Woche (f)	semana (f)	[se'mana]
letzte Woche	na semana passada	[na se'mana pa'sada]
nächste Woche	semana que vem	[se'mana ke vẽj]
wöchentlich (Adj)	semanal	[sema'naw]
wöchentlich (Adv)	toda semana	['toda se'mana]
zweimal pro Woche	duas vezes por semana	['duas 'vezis por se'mana]
jeden Dienstag	toda terça-feira	['toda tersa 'fejra]

20. Stunden. Tag und Nacht

Morgen (m)	manhã (f)	[ma'ɲã]
morgens	de manhã	[de ma'ɲã]
Mittag (m)	meio-dia (m)	['meju 'dʒia]
nachmittags	à tarde	[a 'tardʒi]
Abend (m)	tardinha (f)	[tar'dʒiɲa]
abends	à tardinha	[a tar'dʒiɲa]

Nacht (f)	noite (f)	['nojtʃi]
nachts	à noite	[a 'nojtʃi]
Mitternacht (f)	meia-noite (f)	['meja 'nojtʃi]

Sekunde (f)	segundo (m)	[se'gũdu]
Minute (f)	minuto (m)	[mi'nutu]
Stunde (f)	hora (f)	['ɔra]
eine halbe Stunde	meia hora (f)	['meja 'ɔra]
Viertelstunde (f)	quarto (m) de hora	['kwartu de 'ɔra]
fünfzehn Minuten	quinze minutos	['kĩzi mi'nutus]
Tag und Nacht	vinte e quatro horas	['vĩtʃi i 'kwatru 'ɔras]

Sonnenaufgang (m)	nascer (m) do sol	[na'ser du sɔw]
Morgendämmerung (f)	amanhecer (m)	[amaɲe'ser]
früher Morgen (m)	madrugada (f)	[madru'gada]
Sonnenuntergang (m)	pôr-do-sol (m)	[por du 'sɔw]

früh am Morgen	de madrugada	[de madru'gada]
heute Morgen	esta manhã	['ɛsta ma'ɲã]
morgen früh	amanhã de manhã	[ama'ɲã de ma'ɲã]

heute Mittag	esta tarde	['ɛsta 'tardʒi]
nachmittags	à tarde	[a 'tardʒi]
morgen Nachmittag	amanhã à tarde	[ama'ɲã a 'tardʒi]

| heute Abend | esta noite, hoje à noite | ['ɛsta 'nojtʃi], ['oʒi a 'nojtʃi] |
| morgen Abend | amanhã à noite | [ama'ɲã a 'nojtʃi] |

Punkt drei Uhr	às três horas em ponto	[as tres 'ɔras ẽ 'põtu]
gegen vier Uhr	por volta das quatro	[por 'vɔwta das 'kwatru]
um zwölf Uhr	às doze	[as 'dozi]

in zwanzig Minuten	em vinte minutos	[ẽ 'vĩtʃi mi'nutus]
in einer Stunde	em uma hora	[ẽ 'uma 'ɔra]
rechtzeitig (Adv)	a tempo	[a 'tẽpu]

Viertel vor …	… um quarto para	[… ũ 'kwartu 'para]
innerhalb einer Stunde	dentro de uma hora	['dẽtru de 'uma 'ɔra]
alle fünfzehn Minuten	a cada quinze minutos	[a 'kada 'kĩzi mi'nutus]
Tag und Nacht	as vinte e quatro horas	[as 'vĩtʃi i 'kwatru 'ɔras]

21. Monate. Jahreszeiten

Januar (m)	janeiro (m)	[ʒa'nejru]
Februar (m)	fevereiro (m)	[feve'rejru]
März (m)	março (m)	['marsu]
April (m)	abril (m)	[a'briw]
Mai (m)	maio (m)	['maju]
Juni (m)	junho (m)	['ʒuɲu]

Juli (m)	julho (m)	['ʒuʎu]
August (m)	agosto (m)	[a'gostu]
September (m)	setembro (m)	[se'tẽbru]
Oktober (m)	outubro (m)	[o'tubru]

T&P Books. Wortschatz Deutsch-Brasilianisch Portugiesisch für das Selbststudium - 5000 Wörter

| November (m) | novembro (m) | [no'vẽbru] |
| Dezember (m) | dezembro (m) | [de'zẽbru] |

Frühling (m)	primavera (f)	[prima'vɛra]
im Frühling	na primavera	[na prima'vɛra]
Frühlings-	primaveril	[primave'riw]

Sommer (m)	verão (m)	[ve'rãw]
im Sommer	no verão	[nu ve'rãw]
Sommer-	de verão	[de ve'rãw]

Herbst (m)	outono (m)	[o'tɔnu]
im Herbst	no outono	[nu o'tɔnu]
Herbst-	outonal	[oto'naw]

Winter (m)	inverno (m)	[ĩ'vɛrnu]
im Winter	no inverno	[nu ĩ'vɛrnu]
Winter-	de inverno	[de ĩ'vɛrnu]

Monat (m)	mês (m)	[mes]
in diesem Monat	este mês	['estʃi mes]
nächsten Monat	mês que vem	['mes ki vẽj]
letzten Monat	no mês passado	[no mes pa'sadu]
vor einem Monat	um mês atrás	[ũ 'mes a'trajs]
über eine Monat	em um mês	[ẽ ũ mes]
in zwei Monaten	em dois meses	[ẽ dojs 'mezis]
den ganzen Monat	um mês inteiro	[ũ mes ĩ'tejru]

monatlich (Adj)	mensal	[mẽ'saw]
monatlich (Adv)	mensalmente	[mẽsaw'mẽtʃi]
jeden Monat	todo mês	['todu 'mes]
zweimal pro Monat	duas vezes por mês	['duas 'vezis por mes]

Jahr (n)	ano (m)	['anu]
dieses Jahr	este ano	['estʃi 'anu]
nächstes Jahr	ano que vem	['anu ki vẽj]
voriges Jahr	no ano passado	[nu 'anu pa'sadu]

vor einem Jahr	há um ano	[a ũ 'anu]
in einem Jahr	em um ano	[ẽ ũ 'anu]
in zwei Jahren	dentro de dois anos	['dẽtru de 'dojs 'anus]
das ganze Jahr	um ano inteiro	[ũ 'anu ĩ'tejru]

jedes Jahr	cada ano	['kada 'anu]
jährlich (Adj)	anual	[a'nwaw]
jährlich (Adv)	anualmente	[anwaw'mẽte]
viermal pro Jahr	quatro vezes por ano	['kwatru 'vezis por 'anu]

Datum (heutige ~)	data (f)	['data]
Datum (Geburts-)	data (f)	['data]
Kalender (m)	calendário (m)	[kalẽ'darju]

ein halbes Jahr	meio ano	['meju 'anu]
Halbjahr (n)	seis meses	[sejs 'mezis]
Saison (f)	estação (f)	[ista'sãw]
Jahrhundert (n)	século (m)	['sɛkulu]

22. Maßeinheiten

Gewicht (n)	peso (m)	['pezu]
Länge (f)	comprimento (m)	[kõpri'mẽtu]
Breite (f)	largura (f)	[lar'gura]
Höhe (f)	altura (f)	[aw'tura]
Tiefe (f)	profundidade (f)	[profũdʒi'dadʒi]
Volumen (n)	volume (m)	[vo'lumi]
Fläche (f)	área (f)	['arja]
Gramm (n)	grama (m)	['grama]
Milligramm (n)	miligrama (m)	[mili'grama]
Kilo (n)	quilograma (m)	[kilo'grama]
Tonne (f)	tonelada (f)	[tune'lada]
Pfund (n)	libra (f)	['libra]
Unze (f)	onça (f)	['õsa]
Meter (m)	metro (m)	['mɛtru]
Millimeter (m)	milímetro (m)	[mi'limetru]
Zentimeter (m)	centímetro (m)	[sẽ'tʃimetru]
Kilometer (m)	quilômetro (m)	[ki'lometru]
Meile (f)	milha (f)	['miʎa]
Zoll (m)	polegada (f)	[pole'gada]
Fuß (m)	pé (m)	[pɛ]
Yard (n)	jarda (f)	['ʒarda]
Quadratmeter (m)	metro (m) quadrado	['mɛtru kwa'dradu]
Hektar (n)	hectare (m)	[ek'tari]
Liter (m)	litro (m)	['litru]
Grad (m)	grau (m)	[graw]
Volt (n)	volt (m)	['vɔwtʃi]
Ampere (n)	ampère (m)	[ã'pɛri]
Pferdestärke (f)	cavalo (m) de potência	[ka'valu de po'tẽsja]
Anzahl (f)	quantidade (f)	[kwãtʃi'dadʒi]
etwas ...	um pouco de ...	[ũ 'poku de]
Hälfte (f)	metade (f)	[me'tadʒi]
Dutzend (n)	dúzia (f)	['duzja]
Stück (n)	peça (f)	['pɛsa]
Größe (f)	tamanho (m), dimensão (f)	[ta'maɲu], [dʒimẽ'sãw]
Maßstab (m)	escala (f)	[is'kala]
minimal (Adj)	mínimo	['minimu]
der kleinste	menor, mais pequeno	[me'nɔr], [majs pe'kenu]
mittler, mittel-	médio	['mɛdʒju]
maximal (Adj)	máximo	['masimu]
der größte	maior, mais grande	[ma'jɔr], [majs 'grãdʒi]

23. Behälter

Glas (Einmachglas)	pote (m) de vidro	['pɔtʃi de 'vidru]
Dose (z.B. Bierdose)	lata (f)	['lata]

Eimer (m)	balde (m)	['bawdʒi]
Fass (n), Tonne (f)	barril (m)	[ba'hiw]
Waschschüssel (n)	bacia (f)	[ba'sia]
Tank (m)	tanque (m)	['tãki]
Flachmann (m)	cantil (m) de bolso	[kã'tʃiw dʒi 'bowsu]
Kanister (m)	galão (m) de gasolina	[ga'lãw de gazo'lina]
Zisterne (f)	cisterna (f)	[sis'tɛrna]
Kaffeebecher (m)	caneca (f)	[ka'nɛka]
Tasse (f)	xícara (f)	['ʃikara]
Untertasse (f)	pires (m)	['piris]
Wasserglas (n)	copo (m)	['kɔpu]
Weinglas (n)	taça (f) de vinho	['tasa de 'viɲu]
Kochtopf (m)	panela (f)	[pa'nɛla]
Flasche (f)	garrafa (f)	[ga'hafa]
Flaschenhals (m)	gargalo (m)	[gar'galu]
Karaffe (f)	jarra (f)	['ʒaha]
Tonkrug (m)	jarro (m)	['ʒahu]
Gefäß (n)	recipiente (m)	[hesi'pjẽtʃi]
Tontopf (m)	pote (m)	['pɔtʃi]
Vase (f)	vaso (m)	['vazu]
Flakon (n)	frasco (m)	['frasku]
Fläschchen (n)	frasquinho (m)	[fras'kiɲu]
Tube (z.B. Zahnpasta)	tubo (m)	['tubu]
Sack (~ Kartoffeln)	saco (m)	['saku]
Tüte (z.B. Plastiktüte)	sacola (f)	[sa'kɔla]
Schachtel (z.B. Zigaretten~)	maço (m)	['masu]
Karton (z.B. Schuhkarton)	caixa (f)	['kaɪʃa]
Kiste (z.B. Bananenkiste)	caixote (m)	[kaj'ʃɔtʃi]
Korb (m)	cesto (m)	['sestu]

DER MENSCH

Der Mensch. Körper

24. Kopf

Kopf (m)	cabeça (f)	[ka'besa]
Gesicht (n)	rosto, cara (f)	['hostu], ['kara]
Nase (f)	nariz (m)	[na'riz]
Mund (m)	boca (f)	['boka]
Auge (n)	olho (m)	['oʎu]
Augen (pl)	olhos (m pl)	['oʎus]
Pupille (f)	pupila (f)	[pu'pila]
Augenbraue (f)	sobrancelha (f)	[sobrã'seʎa]
Wimper (f)	cílio (f)	['silju]
Augenlid (n)	pálpebra (f)	['pawpebra]
Zunge (f)	língua (f)	['lĩgwa]
Zahn (m)	dente (m)	['dẽtʃi]
Lippen (pl)	lábios (m pl)	['labjus]
Backenknochen (pl)	maçãs (f pl) do rosto	[ma'sãs du 'hostu]
Zahnfleisch (n)	gengiva (f)	[ʒẽ'ʒiva]
Gaumen (m)	palato (m)	[pa'latu]
Nasenlöcher (pl)	narinas (f pl)	[na'rinas]
Kinn (n)	queixo (m)	['kejʃu]
Kiefer (m)	mandíbula (f)	[mã'dʒibula]
Wange (f)	bochecha (f)	[bo'ʃeʃa]
Stirn (f)	testa (f)	['tɛsta]
Schläfe (f)	têmpora (f)	['tẽpora]
Ohr (n)	orelha (f)	[o'reʎa]
Nacken (m)	costas (f pl) da cabeça	['kɔstas da ka'besa]
Hals (m)	pescoço (m)	[pes'kosu]
Kehle (f)	garganta (f)	[gar'gãta]
Haare (pl)	cabelo (m)	[ka'belu]
Frisur (f)	penteado (m)	[pẽ'tʃjadu]
Haarschnitt (m)	corte (m) de cabelo	['kɔrtʃi de ka'belu]
Perücke (f)	peruca (f)	[pe'ruka]
Schnurrbart (m)	bigode (m)	[bi'gɔdʒi]
Bart (m)	barba (f)	['barba]
haben (einen Bart ~)	ter (vt)	[ter]
Zopf (m)	trança (f)	['trãsa]
Backenbart (m)	suíças (f pl)	['swisas]
rothaarig	ruivo	['hwivu]
grau	grisalho	[gri'zaʎu]

| kahl | careca | [ka'rɛka] |
| Glatze (f) | calva (f) | ['kawvu] |

| Pferdeschwanz (m) | rabo-de-cavalo (m) | ['habu-de-ka'valu] |
| Pony (Ponyfrisur) | franja (f) | ['frãʒa] |

25. Menschlicher Körper

| Hand (f) | mão (f) | [mãw] |
| Arm (m) | braço (m) | ['brasu] |

Finger (m)	dedo (m)	['dedu]
Zehe (f)	dedo (m) do pé	['dedu du pɛ]
Daumen (m)	polegar (m)	[pole'gar]
kleiner Finger (m)	dedo (m) mindinho	['dedu mĩ'dʒiɲu]
Nagel (m)	unha (f)	['uɲa]

Faust (f)	punho (m)	['puɲu]
Handfläche (f)	palma (f)	['pawma]
Handgelenk (n)	pulso (m)	['puwsu]
Unterarm (m)	antebraço (m)	[ãtʃi'brasu]
Ellbogen (m)	cotovelo (m)	[koto'velu]
Schulter (f)	ombro (m)	['õbru]

Bein (n)	perna (f)	['pɛrna]
Fuß (m)	pé (m)	[pɛ]
Knie (n)	joelho (m)	[ʒo'eʎu]
Wade (f)	panturrilha (f)	[pãtu'hiʎa]
Hüfte (f)	quadril (m)	[kwa'driw]
Ferse (f)	calcanhar (m)	[kawka'ɲar]

Körper (m)	corpo (m)	['korpu]
Bauch (m)	barriga (f), ventre (m)	[ba'higa], ['vẽtri]
Brust (f)	peito (m)	['pejtu]
Busen (m)	seio (m)	['seju]
Seite (f), Flanke (f)	lado (m)	['ladu]
Rücken (m)	costas (f pl)	['kɔstas]
Kreuz (n)	região (f) lombar	[he'ʒjãw lõ'bar]
Taille (f)	cintura (f)	[sĩ'tura]

Nabel (m)	umbigo (m)	[ũ'bigu]
Gesäßbacken (pl)	nádegas (f pl)	['nadegas]
Hinterteil (n)	traseiro (m)	[tra'zejru]

Leberfleck (m)	sinal (m), pinta (f)	[si'naw], ['pĩta]
Muttermal (n)	sinal (m) de nascença	[si'naw de na'sẽsa]
Tätowierung (f)	tatuagem (f)	[ta'twaʒẽ]
Narbe (f)	cicatriz (f)	[sika'triz]

Kleidung & Accessoires

26. Oberbekleidung. Mäntel

Kleidung (f)	roupa (f)	['hopa]
Oberkleidung (f)	roupa (f) exterior	['hopa iste'rjor]
Winterkleidung (f)	roupa (f) de inverno	['hopa de ĩ'vɛrnu]
Mantel (m)	sobretudo (m)	[sobri'tudu]
Pelzmantel (m)	casaco (m) de pele	[kaz'aku de 'pɛli]
Pelzjacke (f)	jaqueta (f) de pele	[ʒa'keta de 'pɛli]
Daunenjacke (f)	casaco (m) acolchoado	[ka'zaku akow'ʃwadu]
Jacke (z.B. Lederjacke)	casaco (m), jaqueta (f)	[kaz'aku], [ʒa'keta]
Regenmantel (m)	impermeável (m)	[ĩper'mjavew]
wasserdicht	a prova d'água	[a 'prɔva 'dagwa]

27. Men's & women's clothing

Hemd (n)	camisa (f)	[ka'miza]
Hose (f)	calça (f)	['kawsa]
Jeans (pl)	jeans (m)	['dʒins]
Jackett (n)	paletó, terno (m)	[pale'tɔ], ['tɛrnu]
Anzug (m)	terno (m)	['tɛrnu]
Damenkleid (n)	vestido (m)	[ves'tʃidu]
Rock (m)	saia (f)	['saja]
Bluse (f)	blusa (f)	['bluza]
Strickjacke (f)	casaco (m) de malha	[ka'zaku de 'maʎa]
Jacke (Damen Kostüm)	casaco, blazer (m)	[ka'zaku], ['blejzer]
T-Shirt (n)	camiseta (f)	[kami'zɛta]
Shorts (pl)	short (m)	['ʃortʃi]
Sportanzug (m)	training (m)	['trejnĩŋ]
Bademantel (m)	roupão (m) de banho	[ho'pãw de 'baɲu]
Schlafanzug (m)	pijama (m)	[pi'ʒama]
Sweater (m)	suéter (m)	['swɛter]
Pullover (m)	pulôver (m)	[pu'lover]
Weste (f)	colete (m)	[ko'letʃi]
Frack (m)	fraque (m)	['fraki]
Smoking (m)	smoking (m)	[iz'mokĩs]
Uniform (f)	uniforme (m)	[uni'fɔrmi]
Arbeitskleidung (f)	roupa (f) de trabalho	['hopa de tra'baʎu]
Overall (m)	macacão (m)	[maka'kãws]
Kittel (z.B. Arztkittel)	jaleco (m), bata (f)	[ʒa'lɛku], ['bata]

28. Kleidung. Unterwäsche

Unterwäsche (f)	roupa (f) íntima	['hopa 'ĩtʃima]
Herrenslip (m)	cueca boxer (f)	['kwɛka 'bɔkser]
Damenslip (m)	calcinha (f)	[kaw'siɲa]
Unterhemd (n)	camiseta (f)	[kami'zɛta]
Socken (pl)	meias (f pl)	['mejas]
Nachthemd (n)	camisola (f)	[kami'zɔla]
Büstenhalter (m)	sutiã (m)	[su'tʃjã]
Kniestrümpfe (pl)	meias longas (f pl)	['mejas 'lõgas]
Strumpfhose (f)	meias-calças (f pl)	['mejas 'kalsas]
Strümpfe (pl)	meias (f pl)	['mejas]
Badeanzug (m)	maiô (m)	[ma'jo]

29. Kopfbekleidung

Mütze (f)	chapéu (m), touca (f)	[ʃa'pɛw], ['toka]
Filzhut (m)	chapéu (m) de feltro	[ʃa'pɛw de 'fewtru]
Baseballkappe (f)	boné (m) de beisebol	[bo'nɛ de bejsi'bɔw]
Schiebermütze (f)	boina (f)	['bojna]
Baskenmütze (f)	boina (f) francesa	['bojna frã'seza]
Kapuze (f)	capuz (m)	[ka'puz]
Panamahut (m)	chapéu panamá (m)	[ʃa'pɛw pana'ma]
Strickmütze (f)	touca (f)	['toka]
Kopftuch (n)	lenço (m)	['lẽsu]
Damenhut (m)	chapéu (m) feminino	[ʃa'pɛw femi'ninu]
Schutzhelm (m)	capacete (m)	[kapa'setʃi]
Feldmütze (f)	bibico (m)	[bi'biko]
Helm (z.B. Motorradhelm)	capacete (m)	[kapa'setʃi]
Melone (f)	chapéu-coco (m)	[ʃa'pɛw 'koku]
Zylinder (m)	cartola (f)	[kar'tɔla]

30. Schuhwerk

Schuhe (pl)	calçado (m)	[kaw'sadu]
Stiefeletten (pl)	botinas (f pl), sapatos (m pl)	[bo'tʃinas], [sapa'tõjs]
Halbschuhe (pl)	sapatos (m pl)	[sa'patus]
Stiefel (pl)	botas (f pl)	['bɔtas]
Hausschuhe (pl)	pantufas (f pl)	[pã'tufas]
Tennisschuhe (pl)	tênis (m pl)	['tenis]
Leinenschuhe (pl)	tênis (m pl)	['tenis]
Sandalen (pl)	sandálias (f pl)	[sã'dalias]
Schuster (m)	sapateiro (m)	[sapa'tejru]
Absatz (m)	salto (m)	['sawtu]

Paar (n)	par (m)	[par]
Schnürsenkel (m)	cadarço (m)	[ka'darsu]
schnüren (vt)	amarrar os cadarços	[ama'har us ka'darsus]
Schuhlöffel (m)	calçadeira (f)	[kawsa'dejra]
Schuhcreme (f)	graxa (f) para calçado	['graʃa 'para kaw'sadu]

31. Persönliche Accessoires

Handschuhe (pl)	luva (f)	['luva]
Fausthandschuhe (pl)	mitenes (f pl)	[mi'tɛnes]
Schal (Kaschmir-)	cachecol (m)	[kaʃe'kɔw]

Brille (f)	óculos (m pl)	['ɔkulus]
Brillengestell (n)	armação (f)	[arma'sãw]
Regenschirm (m)	guarda-chuva (m)	['gwarda 'ʃuva]
Spazierstock (m)	bengala (f)	[bẽ'gala]
Haarbürste (f)	escova (f) para o cabelo	[is'kova 'para u ka'belu]
Fächer (m)	leque (m)	['lɛki]

Krawatte (f)	gravata (f)	[gra'vata]
Fliege (f)	gravata-borboleta (f)	[gra'vata borbo'leta]
Hosenträger (pl)	suspensórios (m pl)	[suspẽ'sɔrjus]
Taschentuch (n)	lenço (m)	['lẽsu]

Kamm (m)	pente (m)	['pẽtʃi]
Haarspange (f)	fivela (f) para cabelo	[fi'vɛla 'para ka'belu]
Haarnadel (f)	grampo (m)	['grãpu]
Schnalle (f)	fivela (f)	[fi'vɛla]

| Gürtel (m) | cinto (m) | ['sĩtu] |
| Umhängegurt (m) | alça (f) de ombro | ['awsa de 'õbru] |

Tasche (f)	bolsa (f)	['bowsa]
Handtasche (f)	bolsa, carteira (f)	['bowsa], [kar'tejra]
Rucksack (m)	mochila (f)	[mo'ʃila]

32. Kleidung. Verschiedenes

Mode (f)	moda (f)	['mɔda]
modisch	na moda	[na 'mɔda]
Modedesigner (m)	estilista (m)	[istʃi'lista]

Kragen (m)	colarinho (m)	[kola'riɲu]
Tasche (f)	bolso (m)	['bowsu]
Taschen-	de bolso	[de 'bowsu]
Ärmel (m)	manga (f)	['mãga]
Aufhänger (m)	ganchinho (m)	[gã'ʃiɲu]
Hosenschlitz (m)	bragueta (f)	[bra'gwetʃi]

Reißverschluss (m)	zíper (m)	['ziper]
Verschluss (m)	colchete (m)	[kow'ʃetʃi]
Knopf (m)	botão (m)	[bo'tãw]

Deutsch	Portugiesisch	Aussprache
Knopfloch (n)	botoeira (f)	[bo'twejra]
abgehen (Knopf usw.)	soltar-se (vr)	[sow'tarsi]
nähen (vi, vt)	costurar (vi)	[kostu'rar]
sticken (vt)	bordar (vt)	[bor'dar]
Stickerei (f)	bordado (m)	[bor'dadu]
Nadel (f)	agulha (f)	[a'guʎa]
Faden (m)	fio, linha (f)	['fiu], ['liɲa]
Naht (f)	costura (f)	[kos'tura]
sich beschmutzen	sujar-se (vr)	[su'ʒarsi]
Fleck (m)	mancha (f)	['mãʃa]
sich knittern	amarrotar-se (vr)	[amaho'tarse]
zerreißen (vt)	rasgar (vt)	[haz'gar]
Motte (f)	traça (f)	['trasa]

33. Kosmetikartikel. Kosmetik

Deutsch	Portugiesisch	Aussprache
Zahnpasta (f)	pasta (f) de dente	['pasta de 'dẽtʃi]
Zahnbürste (f)	escova (f) de dente	[is'kova de 'dẽtʃi]
Zähne putzen	escovar os dentes	[isko'var us 'dẽtʃis]
Rasierer (m)	gilete (f)	[ʒi'lɛtʃi]
Rasiercreme (f)	creme (m) de barbear	['krɛmi de bar'bjar]
sich rasieren	barbear-se (vr)	[bar'bjarsi]
Seife (f)	sabonete (m)	[sabo'netʃi]
Shampoo (n)	xampu (m)	[ʃã'pu]
Schere (f)	tesoura (f)	[te'zora]
Nagelfeile (f)	lixa (f) de unhas	['liʃa de 'uɲas]
Nagelzange (f)	corta-unhas (m)	['kɔrta 'uɲas]
Pinzette (f)	pinça (f)	['pĩsa]
Kosmetik (f)	cosméticos (m pl)	[koz'mɛtʃikus]
Gesichtsmaske (f)	máscara (f)	['maskara]
Maniküre (f)	manicure (f)	[mani'kuri]
Maniküre machen	fazer as unhas	[fa'zer as 'uɲas]
Pediküre (f)	pedicure (f)	[pedi'kure]
Kosmetiktasche (f)	bolsa (f) de maquiagem	['bowsa de ma'kjaʒẽ]
Puder (m)	pó (m)	[pɔ]
Puderdose (f)	pó (m) compacto	[pɔ kõ'paktu]
Rouge (n)	blush (m)	[blaʃ]
Parfüm (n)	perfume (m)	[per'fumi]
Duftwasser (n)	água-de-colônia (f)	['agwa de ko'lonja]
Lotion (f)	loção (f)	[lo'sãw]
Kölnischwasser (n)	colônia (f)	[ko'lonja]
Lidschatten (m)	sombra (f) de olhos	['sõbra de 'oʎus]
Kajalstift (m)	delineador (m)	[delinja'dor]
Wimperntusche (f)	máscara (f), rímel (m)	['maskara], ['himew]
Lippenstift (m)	batom (m)	[ba'tõ]

Nagellack (m)	esmalte (m)	[iz'mawtʃi]
Haarlack (m)	laquê (m), spray fixador (m)	[la'ke], [is'prej fiksa'dor]
Deodorant (n)	desodorante (m)	[dʒizodo'rãtʃi]
Creme (f)	creme (m)	['krɛmi]
Gesichtscreme (f)	creme (m) de rosto	['krɛmi de 'hostu]
Handcreme (f)	creme (m) de mãos	['krɛmi de 'mãws]
Anti-Falten-Creme (f)	creme (m) antirrugas	['krɛmi ãtʃi'hugas]
Tagescreme (f)	creme (m) de dia	['krɛmi de 'dʒia]
Nachtcreme (f)	creme (m) de noite	['krɛmi de 'nojtʃi]
Tages-	de dia	[de 'dʒia]
Nacht-	da noite	[da 'nojtʃi]
Tampon (m)	absorvente (m) interno	[absor'vẽtʃi ĩ'tɛrnu]
Toilettenpapier (n)	papel (m) higiênico	[pa'pɛw i'ʒjeniku]
Föhn (m)	secador (m) de cabelo	[seka'dor de ka'belu]

34. Armbanduhren Uhren

Armbanduhr (f)	relógio (m) de pulso	[he'lɔʒu de 'puwsu]
Zifferblatt (n)	mostrador (m)	[mostra'dor]
Zeiger (m)	ponteiro (m)	[põ'tejru]
Metallarmband (n)	bracelete (f) em aço	[brase'letʃi ẽ 'asu]
Uhrenarmband (n)	bracelete (f) em couro	[brase'letʃi ẽ 'koru]
Batterie (f)	pilha (f)	['piʎa]
verbraucht sein	acabar (vi)	[aka'bar]
die Batterie wechseln	trocar a pilha	[tro'kar a 'piʎa]
vorgehen (vi)	estar adiantado	[is'tar adʒjã'tadu]
nachgehen (vi)	estar atrasado	[is'tar atra'zadu]
Wanduhr (f)	relógio (m) de parede	[he'lɔʒu de pa'redʒi]
Sanduhr (f)	ampulheta (f)	[ãpu'ʎeta]
Sonnenuhr (f)	relógio (m) de sol	[he'lɔʒu de sɔw]
Wecker (m)	despertador (m)	[dʒisperta'dor]
Uhrmacher (m)	relojoeiro (m)	[helo'ʒwejru]
reparieren (vt)	reparar (vt)	[hepa'rar]

# Essen. Ernährung

35. Essen

Deutsch	Portugiesisch	IPA
Fleisch (n)	carne (f)	['karni]
Hühnerfleisch (n)	galinha (f)	[ga'liɲa]
Küken (n)	frango (m)	['frãgu]
Ente (f)	pato (m)	['patu]
Gans (f)	ganso (m)	['gãsu]
Wild (n)	caça (f)	['kasa]
Pute (f)	peru (m)	[pe'ru]
Schweinefleisch (n)	carne (f) de porco	['karni de 'porku]
Kalbfleisch (n)	carne (f) de vitela	['karni de vi'tɛla]
Hammelfleisch (n)	carne (f) de carneiro	['karni de kar'nejru]
Rindfleisch (n)	carne (f) de vaca	['karni de 'vaka]
Kaninchenfleisch (n)	carne (f) de coelho	['karni de ko'eʎu]
Wurst (f)	linguiça (f), salsichão (m)	[lĩ'gwisa], [sawsi'ʃãw]
Würstchen (n)	salsicha (f)	[saw'siʃa]
Schinkenspeck (m)	bacon (m)	['bejkõ]
Schinken (m)	presunto (m)	[pre'zũtu]
Räucherschinken (m)	pernil (m) de porco	[per'niw de 'porku]
Pastete (f)	patê (m)	[pa'te]
Leber (f)	fígado (m)	['figadu]
Hackfleisch (n)	guisado (m)	[gi'zadu]
Zunge (f)	língua (f)	['lĩgwa]
Ei (n)	ovo (m)	['ovu]
Eier (pl)	ovos (m pl)	['ɔvus]
Eiweiß (n)	clara (f) de ovo	['klara de 'ovu]
Eigelb (n)	gema (f) de ovo	['ʒɛma de 'ovu]
Fisch (m)	peixe (m)	['pejʃi]
Meeresfrüchte (pl)	mariscos (m pl)	[ma'riskus]
Krebstiere (pl)	crustáceos (m pl)	[krus'tasjus]
Kaviar (m)	caviar (m)	[ka'vjar]
Krabbe (f)	caranguejo (m)	[karã'geʒu]
Garnele (f)	camarão (m)	[kama'rãw]
Auster (f)	ostra (f)	['ostra]
Languste (f)	lagosta (f)	[la'gosta]
Krake (m)	polvo (m)	['powvu]
Kalmar (m)	lula (f)	['lula]
Störfleisch (n)	esturjão (m)	[istur'ʒãw]
Lachs (m)	salmão (m)	[saw'mãw]
Heilbutt (m)	halibute (m)	[ali'butʃi]
Dorsch (m)	bacalhau (m)	[baka'ʎaw]

Makrele (f)	cavala, sarda (f)	[ka'vala], ['sarda]
Tunfisch (m)	atum (m)	[a'tũ]
Aal (m)	enguia (f)	[ē'gia]

Forelle (f)	truta (f)	['truta]
Sardine (f)	sardinha (f)	[sar'dʒiɲa]
Hecht (m)	lúcio (m)	['lusju]
Hering (m)	arenque (m)	[a'rẽki]

Brot (n)	pão (m)	[pãw]
Käse (m)	queijo (m)	['kejʒu]
Zucker (m)	açúcar (m)	[a'sukar]
Salz (n)	sal (m)	[saw]

Reis (m)	arroz (m)	[a'hoz]
Teigwaren (pl)	massas (f pl)	['masas]
Nudeln (pl)	talharim, miojo (m)	[taʎa'rĩ], [mi'oʒu]

Butter (f)	manteiga (f)	[mã'tejga]
Pflanzenöl (n)	óleo (m) vegetal	['ɔlju veʒe'taw]
Sonnenblumenöl (n)	óleo (m) de girassol	['ɔlju de ʒira'sɔw]
Margarine (f)	margarina (f)	[marga'rina]

| Oliven (pl) | azeitonas (f pl) | [azej'tɔnas] |
| Olivenöl (n) | azeite (m) | [a'zejtʃi] |

Milch (f)	leite (m)	['lejtʃi]
Kondensmilch (f)	leite (m) condensado	['lejtʃi kõdē'sadu]
Joghurt (m)	iogurte (m)	[jo'gurtʃi]
saure Sahne (f)	creme azedo (m)	['krɛmi a'zedu]
Sahne (f)	creme (m) de leite	['krɛmi de 'lejtʃi]

| Mayonnaise (f) | maionese (f) | [majo'nɛzi] |
| Buttercreme (f) | creme (m) | ['krɛmi] |

Grütze (f)	grãos (m pl) de cereais	['grãws de se'rjajs]
Mehl (n)	farinha (f)	[fa'riɲa]
Konserven (pl)	enlatados (m pl)	[ēla'tadus]

Maisflocken (pl)	flocos (m pl) de milho	['flɔkus de 'miʎu]
Honig (m)	mel (m)	[mɛw]
Marmelade (f)	geleia (m)	[ʒe'lɛja]
Kaugummi (m, n)	chiclete (m)	[ʃi'klɛtʃi]

36. Getränke

Wasser (n)	água (f)	['agwa]
Trinkwasser (n)	água (f) potável	['agwa pu'tavɛw]
Mineralwasser (n)	água (f) mineral	['agwa mine'raw]

still	sem gás	[sē gajs]
mit Kohlensäure	gaseificada	[gazejfi'kadu]
mit Gas	com gás	[kõ gajs]
Eis (n)	gelo (m)	['ʒelu]

mit Eis	com gelo	[kõ 'ʒelu]
alkoholfrei (Adj)	não alcoólico	[nãw aw'kɔliku]
alkoholfreies Getränk (n)	refrigerante (m)	[hefriʒe'rãtʃi]
Erfrischungsgetränk (n)	refresco (m)	[he'fresku]
Limonade (f)	limonada (f)	[limo'nada]
Spirituosen (pl)	bebidas (f pl) alcoólicas	[be'bidas aw'kɔlikas]
Wein (m)	vinho (m)	['viɲu]
Weißwein (m)	vinho (m) branco	['viɲu 'brãku]
Rotwein (m)	vinho (m) tinto	['viɲu 'tʃĩtu]
Likör (m)	licor (m)	[li'kor]
Champagner (m)	champanhe (m)	[ʃã'paɲi]
Wermut (m)	vermute (m)	[ver'mutʃi]
Whisky (m)	uísque (m)	['wiski]
Wodka (m)	vodca (f)	['vɔdʒka]
Gin (m)	gim (m)	[ʒĩ]
Kognak (m)	conhaque (m)	[ko'ɲaki]
Rum (m)	rum (m)	[hũ]
Kaffee (m)	café (m)	[ka'fɛ]
schwarzer Kaffee (m)	café (m) preto	[ka'fɛ 'pretu]
Milchkaffee (m)	café (m) com leite	[ka'fɛ kõ 'lejtʃi]
Cappuccino (m)	cappuccino (m)	[kapu'tʃinu]
Pulverkaffee (m)	café (m) solúvel	[ka'fɛ so'luvew]
Milch (f)	leite (m)	['lejtʃi]
Cocktail (m)	coquetel (m)	[koke'tɛw]
Milchcocktail (m)	batida (f), milkshake (m)	[ba'tʃida], ['milkʃejk]
Saft (m)	suco (m)	['suku]
Tomatensaft (m)	suco (m) de tomate	['suku de to'matʃi]
Orangensaft (m)	suco (m) de laranja	['suku de la'rãʒa]
frisch gepresster Saft (m)	suco (m) fresco	['suku 'fresku]
Bier (n)	cerveja (f)	[ser'veʒa]
Helles (n)	cerveja (f) clara	[ser'veʒa 'klara]
Dunkelbier (n)	cerveja (f) preta	[ser'veʒa 'preta]
Tee (m)	chá (m)	[ʃa]
schwarzer Tee (m)	chá (m) preto	[ʃa 'pretu]
grüner Tee (m)	chá (m) verde	[ʃa 'verdʒi]

37. Gemüse

Gemüse (n)	vegetais (m pl)	[veʒe'tajs]
grünes Gemüse (pl)	verdura (f)	[ver'dura]
Tomate (f)	tomate (m)	[to'matʃi]
Gurke (f)	pepino (m)	[pe'pinu]
Karotte (f)	cenoura (f)	[se'nora]
Kartoffel (f)	batata (f)	[ba'tata]
Zwiebel (f)	cebola (f)	[se'bola]

Knoblauch (m)	alho (m)	[ˈaʎu]
Kohl (m)	couve (f)	[ˈkovi]
Blumenkohl (m)	couve-flor (f)	[ˈkovi ˈflɔr]
Rosenkohl (m)	couve-de-bruxelas (f)	[ˈkovi de bruˈʃelas]
Brokkoli (m)	brócolis (m pl)	[ˈbrɔkolis]
Rote Bete (f)	beterraba (f)	[beteˈhaba]
Aubergine (f)	berinjela (f)	[berĩˈʒɛla]
Zucchini (f)	abobrinha (f)	[aboˈbriɲa]
Kürbis (m)	abóbora (f)	[aˈbɔbora]
Rübe (f)	nabo (m)	[ˈnabu]
Petersilie (f)	salsa (f)	[ˈsawsa]
Dill (m)	endro, aneto (m)	[ˈẽdru], [aˈnetu]
Kopf Salat (m)	alface (f)	[awˈfasi]
Sellerie (m)	aipo (m)	[ˈajpu]
Spargel (m)	aspargo (m)	[asˈpargu]
Spinat (m)	espinafre (m)	[ispiˈnafri]
Erbse (f)	ervilha (f)	[erˈviʎa]
Bohnen (pl)	feijão (m)	[fejˈʒãw]
Mais (m)	milho (m)	[ˈmiʎu]
weiße Bohne (f)	feijão (m) roxo	[fejˈʒãw ˈhoʃu]
Paprika (m)	pimentão (m)	[pimẽˈtãw]
Radieschen (n)	rabanete (m)	[habaˈnetʃi]
Artischocke (f)	alcachofra (f)	[awkaˈʃofra]

38. Obst. Nüsse

Frucht (f)	fruta (f)	[ˈfruta]
Apfel (m)	maçã (f)	[maˈsã]
Birne (f)	pera (f)	[ˈpera]
Zitrone (f)	limão (m)	[liˈmãw]
Apfelsine (f)	laranja (f)	[laˈrãʒa]
Erdbeere (f)	morango (m)	[moˈrãgu]
Mandarine (f)	tangerina (f)	[tãʒeˈrina]
Pflaume (f)	ameixa (f)	[aˈmejʃa]
Pfirsich (m)	pêssego (m)	[ˈpesegu]
Aprikose (f)	damasco (m)	[daˈmasku]
Himbeere (f)	framboesa (f)	[frãboˈeza]
Ananas (f)	abacaxi (m)	[abakaˈʃĩ]
Banane (f)	banana (f)	[baˈnana]
Wassermelone (f)	melancia (f)	[melãˈsia]
Weintrauben (pl)	uva (f)	[ˈuva]
Sauerkirsche (f)	ginja (f)	[ˈʒĩʒa]
Süßkirsche (f)	cereja (f)	[seˈreʒa]
Melone (f)	melão (m)	[meˈlãw]
Grapefruit (f)	toranja (f)	[toˈrãʒa]
Avocado (f)	abacate (m)	[abaˈkatʃi]
Papaya (f)	mamão (m)	[maˈmãw]

Mango (f)	manga (f)	['mãga]
Granatapfel (m)	romã (f)	['homa]
rote Johannisbeere (f)	groselha (f) vermelha	[[gro'zɛʎa ver'meʎa]
schwarze Johannisbeere (f)	groselha (f) negra	[gro'zɛʎa 'negra]
Stachelbeere (f)	groselha (f) espinhosa	[gro'zɛʎa ispi'ɲoza]
Heidelbeere (f)	mirtilo (m)	[mih'tʃilu]
Brombeere (f)	amora (f) silvestre	[a'mɔra siw'vɛstri]
Rosinen (pl)	passa (f)	['pasa]
Feige (f)	figo (m)	['figu]
Dattel (f)	tâmara (f)	['tamara]
Erdnuss (f)	amendoim (m)	[amẽdo'ĩ]
Mandel (f)	amêndoa (f)	[a'mẽdwa]
Walnuss (f)	noz (f)	[nɔz]
Haselnuss (f)	avelã (f)	[ave'lã]
Kokosnuss (f)	coco (m)	['koku]
Pistazien (pl)	pistaches (m pl)	[pis'taʃis]

39. Brot. Süßigkeiten

Konditorwaren (pl)	pastelaria (f)	[pastela'ria]
Brot (n)	pão (m)	[pãw]
Keks (m, n)	biscoito (m), bolacha (f)	[bis'kojtu], [bo'laʃa]
Schokolade (f)	chocolate (m)	[ʃoko'latʃi]
Schokoladen-Bonbon (m, n)	de chocolate bala (f)	[de ʃoko'latʃi] ['bala]
Kuchen (m)	doce (m), bolo (m) pequeno	['dosi], ['bolu pe'kenu]
Torte (f)	bolo (m) de aniversário	['bolu de aniver'sarju]
Kuchen (Apfel-)	torta (f)	['tɔrta]
Füllung (f)	recheio (m)	[he'ʃeju]
Konfitüre (f)	geleia (m)	[ʒe'lɛja]
Marmelade (f)	marmelada (f)	[marme'lada]
Waffeln (pl)	wafers (m pl)	['wafers]
Eis (n)	sorvete (m)	[sor'vetʃi]
Pudding (m)	pudim (m)	[pu'dʒĩ]

40. Gerichte

Gericht (n)	prato (m)	['pratu]
Küche (f)	cozinha (f)	[ko'ziɲa]
Rezept (n)	receita (f)	[he'sejta]
Portion (f)	porção (f)	[por'sãw]
Salat (m)	salada (f)	[sa'lada]
Suppe (f)	sopa (f)	['sopa]
Brühe (f), Bouillon (f)	caldo (m)	['kawdu]
belegtes Brot (n)	sanduíche (m)	[sand'wiʃi]

Spiegelei (n)	ovos (m pl) fritos	['ɔvus 'fritus]
Hamburger (m)	hambúrguer (m)	[ã'burger]
Beefsteak (n)	bife (m)	['bifi]

Beilage (f)	acompanhamento (m)	[akõpaɲa'mẽtu]
Spaghetti (pl)	espaguete (m)	[ispa'geti]
Kartoffelpüree (n)	purê (m) de batata	[pu're de ba'tata]
Pizza (f)	pizza (f)	['pitsa]
Brei (m)	mingau (m)	[mĩ'gaw]
Omelett (n)	omelete (f)	[ome'letʃi]

gekocht	fervido	[fer'vidu]
geräuchert	defumado	[defu'madu]
gebraten	frito	['fritu]
getrocknet	seco	['seku]
tiefgekühlt	congelado	[kõʒe'ladu]
mariniert	em conserva	[ẽ kõ'serva]

süß	doce	['dosi]
salzig	salgado	[saw'gadu]
kalt	frio	['friu]
heiß	quente	['kẽtʃi]
bitter	amargo	[a'margu]
lecker	gostoso	[gos'tozu]

kochen (vt)	cozinhar em água fervente	[kozi'ɲar ẽ 'agwa fer'vẽtʃi]
zubereiten (vt)	preparar (vt)	[prepa'rar]
braten (vt)	fritar (vt)	[fri'tar]
aufwärmen (vt)	aquecer (vt)	[ake'ser]

salzen (vt)	salgar (vt)	[saw'gar]
pfeffern (vt)	apimentar (vt)	[apimẽ'tar]
reiben (vt)	ralar (vt)	[ha'lar]
Schale (f)	casca (f)	['kaska]
schälen (vt)	descascar (vt)	[dʒiskas'kar]

41. Gewürze

Salz (n)	sal (m)	[saw]
salzig (Adj)	salgado	[saw'gadu]
salzen (vt)	salgar (vt)	[saw'gar]

schwarzer Pfeffer (m)	pimenta-do-reino (f)	[pi'mẽta-du-hejnu]
roter Pfeffer (m)	pimenta (f) vermelha	[pi'mẽta ver'meʎa]
Senf (m)	mostarda (f)	[mos'tarda]
Meerrettich (m)	raiz-forte (f)	[ha'iz fɔrtʃi]

Gewürz (n)	condimento (m)	[kõdʒi'mẽtu]
Gewürz (n)	especiaria (f)	[ispesja'ria]
Soße (f)	molho (m)	['moʎu]
Essig (m)	vinagre (m)	[vi'nagri]

Anis (m)	anis (m)	[a'nis]
Basilikum (n)	manjericão (m)	[mãʒeri'kãw]

Nelke (f)	cravo (m)	['kravu]
Ingwer (m)	gengibre (m)	[ʒẽ'ʒibri]
Koriander (m)	coentro (m)	[ko'ẽtru]
Zimt (m)	canela (f)	[ka'nɛla]

Sesam (m)	gergelim (m)	[ʒerʒe'lĩ]
Lorbeerblatt (n)	folha (f) de louro	['foʎaʃ de 'loru]
Paprika (m)	páprica (f)	['paprika]
Kümmel (m)	cominho (m)	[ko'miɲu]
Safran (m)	açafrão (m)	[asa'frãw]

42. Mahlzeiten

| Essen (n) | comida (f) | [ko'mida] |
| essen (vi, vt) | comer (vt) | [ko'mer] |

Frühstück (n)	café (m) da manhã	[ka'fɛ da ma'ɲã]
frühstücken (vi)	tomar café da manhã	[to'mar ka'fɛ da ma'ɲã]
Mittagessen (n)	almoço (m)	[aw'mosu]
zu Mittag essen	almoçar (vi)	[awmo'sar]
Abendessen (n)	jantar (m)	[ʒã'tar]
zu Abend essen	jantar (vi)	[ʒã'tar]

| Appetit (m) | apetite (m) | [ape'tʃitʃi] |
| Guten Appetit! | Bom apetite! | [bõ ape'tʃitʃi] |

öffnen (vt)	abrir (vt)	[a'brir]
verschütten (vt)	derramar (vt)	[deha'mar]
verschüttet werden	derramar-se (vr)	[deha'marsi]

kochen (vi)	ferver (vi)	[fer'ver]
kochen (Wasser ~)	ferver (vt)	[fer'ver]
gekocht (Adj)	fervido	[fer'vidu]

| kühlen (vt) | esfriar (vt) | [is'frjar] |
| abkühlen (vi) | esfriar-se (vr) | [is'frjarse] |

| Geschmack (m) | sabor, gosto (m) | [sa'bor], ['gostu] |
| Beigeschmack (m) | fim (m) de boca | [fĩ de 'boka] |

auf Diät sein	emagrecer (vi)	[imagre'ser]
Diät (f)	dieta (f)	['dʒjɛta]
Vitamin (n)	vitamina (f)	[vita'mina]
Kalorie (f)	caloria (f)	[kalo'ria]

| Vegetarier (m) | vegetariano (m) | [veʒeta'rjanu] |
| vegetarisch (Adj) | vegetariano | [veʒeta'rjanu] |

Fett (n)	gorduras (f pl)	[gor'duras]
Protein (n)	proteínas (f pl)	[prote'inas]
Kohlenhydrat (n)	carboidratos (m pl)	[karboi'dratus]
Scheibchen (n)	fatia (f)	[fa'tʃia]
Stück (ein ~ Kuchen)	pedaço (m)	[pe'dasu]
Krümel (m)	migalha (f), farelo (m)	[mi'gaʎa], [fa'rɛlu]

43. Gedeck

Löffel (m)	colher (f)	[ko'ʎer]
Messer (n)	faca (f)	['faka]
Gabel (f)	garfo (m)	['garfu]
Tasse (eine ~ Tee)	xícara (f)	['ʃikara]
Teller (m)	prato (m)	['pratu]
Untertasse (f)	pires (m)	['piris]
Serviette (f)	guardanapo (m)	[gwarda'napu]
Zahnstocher (m)	palito (m)	[pa'litu]

44. Restaurant

Restaurant (n)	restaurante (m)	[hestaw'rãtʃi]
Kaffeehaus (n)	cafeteria (f)	[kafete'ria]
Bar (f)	bar (m); cervejaria (f)	[bar], [serveʒa'ria]
Teesalon (m)	salão (m) de chá	[sa'lãw de ʃa]
Kellner (m)	garçom (m)	[gar'sõ]
Kellnerin (f)	garçonete (f)	[garso'netʃi]
Barmixer (m)	barman (m)	[bar'mã]
Speisekarte (f)	cardápio (m)	[kar'dapju]
Weinkarte (f)	lista (f) de vinhos	['lista de 'viɲus]
einen Tisch reservieren	reservar uma mesa	[hezer'var 'uma 'meza]
Gericht (n)	prato (m)	['pratu]
bestellen (vt)	pedir (vt)	[pe'dʒir]
eine Bestellung aufgeben	fazer o pedido	[fa'zer u pe'dʒidu]
Aperitif (m)	aperitivo (m)	[aperi'tʃivu]
Vorspeise (f)	entrada (f)	[ẽ'trada]
Nachtisch (m)	sobremesa (f)	[sobri'meza]
Rechnung (f)	conta (f)	['kõta]
Rechnung bezahlen	pagar a conta	[pa'gar a 'kõta]
das Wechselgeld geben	dar o troco	[dar u 'troku]
Trinkgeld (n)	gorjeta (f)	[gor'ʒeta]

Familie, Verwandte und Freunde

45. Persönliche Informationen. Formulare

Vorname (m)	nome (m)	['nɔmi]
Name (m)	sobrenome (m)	[sobri'nɔmi]
Geburtsdatum (n)	data (f) de nascimento	['data de nasi'mẽtu]
Geburtsort (m)	local (m) de nascimento	[lo'kaw de nasi'mẽtu]
Nationalität (f)	nacionalidade (f)	[nasjonali'dadʒi]
Wohnort (m)	lugar (m) de residência	[lu'gar de hezi'dẽsja]
Land (n)	país (m)	[pa'jis]
Beruf (m)	profissão (f)	[profi'sãw]
Geschlecht (n)	sexo (m)	['sɛksu]
Größe (f)	estatura (f)	[ista'tura]
Gewicht (n)	peso (m)	['pezu]

46. Familienmitglieder. Verwandte

Mutter (f)	mãe (f)	[mãj]
Vater (m)	pai (m)	[paj]
Sohn (m)	filho (m)	['fiʎu]
Tochter (f)	filha (f)	['fiʎa]
jüngste Tochter (f)	caçula (f)	[ka'sula]
jüngste Sohn (m)	caçula (m)	[ka'sula]
ältere Tochter (f)	filha (f) mais velha	['fiʎa majs 'vɛʎa]
älterer Sohn (m)	filho (m) mais velho	['fiʎu majs 'vɛʎu]
Bruder (m)	irmão (m)	[ir'mãw]
älterer Bruder (m)	irmão (m) mais velho	[ir'mãw majs 'vɛʎu]
jüngerer Bruder (m)	irmão (m) mais novo	[ir'mãw majs 'novu]
Schwester (f)	irmã (f)	[ir'mã]
ältere Schwester (f)	irmã (f) mais velha	[ir'mã majs 'vɛʎa]
jüngere Schwester (f)	irmã (f) mais nova	[ir'mã majs 'nɔva]
Cousin (m)	primo (m)	['primu]
Cousine (f)	prima (f)	['prima]
Mama (f)	mamãe (f)	[ma'mãj]
Papa (m)	papai (m)	[pa'paj]
Eltern (pl)	pais (pl)	['pajs]
Kind (n)	criança (f)	['krjãsa]
Kinder (pl)	crianças (f pl)	['krjãsas]
Großmutter (f)	avó (f)	[a'vɔ]
Großvater (m)	avô (m)	[a'vo]
Enkel (m)	neto (m)	['nɛtu]

| Enkelin (f) | neta (f) | ['nɛta] |
| Enkelkinder (pl) | netos (pl) | ['nɛtus] |

Onkel (m)	tio (m)	['tʃiu]
Tante (f)	tia (f)	['tʃia]
Neffe (m)	sobrinho (m)	[so'briɲu]
Nichte (f)	sobrinha (f)	[so'briɲa]

Schwiegermutter (f)	sogra (f)	['sɔgra]
Schwiegervater (m)	sogro (m)	['sogru]
Schwiegersohn (m)	genro (m)	['ʒẽhu]
Stiefmutter (f)	madrasta (f)	[ma'drasta]
Stiefvater (m)	padrasto (m)	[pa'drastu]

Säugling (m)	criança (f) de colo	['krjãsa de 'kɔlu]
Kleinkind (n)	bebê (m)	[be'be]
Kleine (m)	menino (m)	[me'ninu]

Frau (f)	mulher (f)	[mu'ʎer]
Mann (m)	marido (m)	[ma'ridu]
Ehemann (m)	esposo (m)	[is'pozu]
Gemahlin (f)	esposa (f)	[is'poza]

verheiratet (Ehemann)	casado	[ka'zadu]
verheiratet (Ehefrau)	casada	[ka'zada]
ledig	solteiro	[sow'tejru]
Junggeselle (m)	solteirão (m)	[sowtej'rãw]
geschieden (Adj)	divorciado	[dʒivor'sjadu]
Witwe (f)	viúva (f)	['vjuva]
Witwer (m)	viúvo (m)	['vjuvu]

Verwandte (m)	parente (m)	[pa'rẽtʃi]
naher Verwandter (m)	parente (m) próximo	[pa'rẽtʃi 'prɔsimu]
entfernter Verwandter (m)	parente (m) distante	[pa'rẽtʃi dʒis'tãtʃi]
Verwandte (pl)	parentes (m pl)	[pa'rẽtʃis]

Waisenjunge (m)	órfão (m)	['ɔrfãw]
Waisenmädchen (f)	órfã (f)	['ɔrfã]
Vormund (m)	tutor (m)	[tu'tor]
adoptieren (einen Jungen)	adotar (vt)	[ado'tar]
adoptieren (ein Mädchen)	adotar (vt)	[ado'tar]

Medizin

47. Krankheiten

Krankheit (f)	doença (f)	[do'ẽsa]
krank sein	estar doente	[is'tar do'ẽtʃi]
Gesundheit (f)	saúde (f)	[sa'udʒi]

Schnupfen (m)	nariz (m) escorrendo	[na'riz isko'hẽdu]
Angina (f)	amigdalite (f)	[amigda'litʃi]
Erkältung (f)	resfriado (m)	[hes'frjadu]
sich erkälten	ficar resfriado	[fi'kar hes'frjadu]

Bronchitis (f)	bronquite (f)	[brõ'kitʃi]
Lungenentzündung (f)	pneumonia (f)	[pnewmo'nia]
Grippe (f)	gripe (f)	['gripi]

kurzsichtig	míope	['miopi]
weitsichtig	presbita	[pres'bita]
Schielen (n)	estrabismo (m)	[istra'bizmu]
schielend (Adj)	estrábico, vesgo	[is'trabiku], ['vezgu]
grauer Star (m)	catarata (f)	[kata'rata]
Glaukom (n)	glaucoma (m)	[glaw'koma]

Schlaganfall (m)	AVC (m), apoplexia (f)	[ave'se], [apople'ksia]
Infarkt (m)	ataque (m) cardíaco	[a'taki kar'dʒiaku]
Herzinfarkt (m)	enfarte (m) do miocárdio	[ẽ'fartʃi du mjo'kardʒiu]
Lähmung (f)	paralisia (f)	[parali'zia]
lähmen (vt)	paralisar (vt)	[parali'zar]

Allergie (f)	alergia (f)	[aler'ʒia]
Asthma (n)	asma (f)	['azma]
Diabetes (m)	diabetes (f)	[dʒja'bɛtʃis]

Zahnschmerz (m)	dor (f) de dente	[dor de 'dẽtʃi]
Karies (f)	cárie (f)	['kari]

Durchfall (m)	diarreia (f)	[dʒja'hɛja]
Verstopfung (f)	prisão (f) de ventre	[pri'zãw de 'vẽtri]
Magenverstimmung (f)	desarranjo (m) intestinal	[dʒiza'hãʒu ĩtestʃi'naw]
Vergiftung (f)	intoxicação (f) alimentar	[ĩtoksika'sãw alimẽ'tar]
Vergiftung bekommen	intoxicar-se	[ĩtoksi'karsi]

Arthritis (f)	artrite (f)	[ar'tritʃi]
Rachitis (f)	raquitismo (m)	[haki'tʃizmu]
Rheumatismus (m)	reumatismo (m)	[hewma'tʃizmu]
Atherosklerose (f)	arteriosclerose (f)	[arterjoskle'rɔzi]

Gastritis (f)	gastrite (f)	[gas'tritʃi]
Blinddarmentzündung (f)	apendicite (f)	[apẽdʒi'sitʃi]

| Cholezystitis (f) | colecistite (f) | [kulesi'stʃitʃi] |
| Geschwür (n) | úlcera (f) | ['uwsera] |

Masern (pl)	sarampo (m)	[sa'rãpu]
Röteln (pl)	rubéola (f)	[hu'bɛola]
Gelbsucht (f)	icterícia (f)	[ikte'risja]
Hepatitis (f)	hepatite (f)	[epa'tʃitʃi]

Schizophrenie (f)	esquizofrenia (f)	[iskizofre'nia]
Tollwut (f)	raiva (f)	['hajva]
Neurose (f)	neurose (f)	[new'rɔzi]
Gehirnerschütterung (f)	contusão (f) cerebral	[kõtu'zãw sere'braw]

Krebs (m)	câncer (m)	['kãser]
Sklerose (f)	esclerose (f)	[iskle'rɔzi]
multiple Sklerose (f)	esclerose (f) múltipla	[iskle'rɔzi 'muwtʃipla]

Alkoholismus (m)	alcoolismo (m)	[awko'lizmu]
Alkoholiker (m)	alcoólico (m)	[aw'kɔliku]
Syphilis (f)	sífilis (f)	['sifilis]
AIDS	AIDS (f)	['ajdʒs]

Tumor (m)	tumor (m)	[tu'mor]
bösartig	maligno	[ma'lignu]
gutartig	benigno	[be'nignu]

Fieber (n)	febre (f)	['fɛbri]
Malaria (f)	malária (f)	[ma'larja]
Gangrän (f, n)	gangrena (f)	[gã'grena]
Seekrankheit (f)	enjoo (m)	[ẽ'ʒou]
Epilepsie (f)	epilepsia (f)	[epile'psia]

Epidemie (f)	epidemia (f)	[epide'mia]
Typhus (m)	tifo (m)	['tʃifu]
Tuberkulose (f)	tuberculose (f)	[tuberku'lɔzi]
Cholera (f)	cólera (f)	['kɔlera]
Pest (f)	peste (f) bubônica	['pɛstʃi bu'bonika]

48. Symptome. Behandlungen. Teil 1

Symptom (n)	sintoma (m)	[sĩ'tɔma]
Temperatur (f)	temperatura (f)	[tẽpera'tura]
Fieber (n)	febre (f)	['fɛbri]
Puls (m)	pulso (m)	['puwsu]

Schwindel (m)	vertigem (f)	[ver'tʃiʒẽ]
heiß (Stirne usw.)	quente	['kẽtʃi]
Schüttelfrost (m)	calafrio (m)	[kala'friu]
blass (z.B. -es Gesicht)	pálido	['palidu]

Husten (m)	tosse (f)	['tɔsi]
husten (vi)	tossir (vi)	[to'sir]
niesen (vi)	espirrar (vi)	[ispi'har]
Ohnmacht (f)	desmaio (m)	[dʒiz'maju]

ohnmächtig werden	desmaiar (vi)	[dʒizma'jar]
blauer Fleck (m)	mancha (f) preta	['mãʃa 'preta]
Beule (f)	galo (m)	['galu]
sich stoßen	machucar-se (vr)	[maʃu'karsi]
Prellung (f)	contusão (f)	[kõtu'zãw]
sich stoßen	machucar-se (vr)	[maʃu'karsi]

hinken (vi)	mancar (vi)	[mã'kar]
Verrenkung (f)	deslocamento (f)	[dʒizloka'mẽtu]
ausrenken (vt)	deslocar (vt)	[dʒizlo'kar]
Fraktur (f)	fratura (f)	[fra'tura]
brechen (Arm usw.)	fraturar (vt)	[fratu'rar]

Schnittwunde (f)	corte (m)	['kɔrtʃi]
sich schneiden	cortar-se (vr)	[kor'tarsi]
Blutung (f)	hemorragia (f)	[emoha'ʒia]

Verbrennung (f)	queimadura (f)	[kejma'dura]
sich verbrennen	queimar-se (vr)	[kej'marsi]

stechen (vt)	picar (vt)	[pi'kar]
sich stechen	picar-se (vr)	[pi'karsi]
verletzen (vt)	lesionar (vt)	[lezjo'nar]
Verletzung (f)	lesão (m)	[le'zãw]
Wunde (f)	ferida (f), ferimento (m)	[fe'rida], [feri'mẽtu]
Trauma (n)	trauma (m)	['trawma]

irrereden (vi)	delirar (vi)	[deli'rar]
stottern (vi)	gaguejar (vi)	[gage'ʒar]
Sonnenstich (m)	insolação (f)	[insola'sãw]

49. Symptome. Behandlungen. Teil 2

Schmerz (m)	dor (f)	[dor]
Splitter (m)	farpa (f)	['farpa]

Schweiß (m)	suor (m)	[swɔr]
schwitzen (vi)	suar (vi)	[swar]
Erbrechen (n)	vômito (m)	['vomitu]
Krämpfe (pl)	convulsões (f pl)	[kõvuw'sõjs]

schwanger	grávida	['gravida]
geboren sein	nascer (vi)	[na'ser]
Geburt (f)	parto (m)	['partu]
gebären (vt)	dar à luz	[dar a luz]
Abtreibung (f)	aborto (m)	[a'bortu]

Atem (m)	respiração (f)	[hespira'sãw]
Atemzug (m)	inspiração (f)	[ĩspira'sãw]
Ausatmung (f)	expiração (f)	[ispira'sãw]
ausatmen (vt)	expirar (vi)	[ispi'rar]
einatmen (vt)	inspirar (vi)	[ĩspi'rar]
Invalide (m)	inválido (m)	[ĩ'validu]
Krüppel (m)	aleijado (m)	[alej'ʒadu]

Drogenabhängiger (m)	drogado (m)	[dro'gadu]
taub	surdo	['surdu]
stumm	mudo	['mudu]
taubstumm	surdo-mudo	['surdu-'mudu]
verrückt (Adj)	louco, insano	['loku], [ĩ'sanu]
Irre (m)	louco (m)	['loku]
Irre (f)	louca (f)	['loka]
den Verstand verlieren	ficar louco	[fi'kar 'loku]
Gen (n)	gene (m)	['ʒɛni]
Immunität (f)	imunidade (f)	[imuni'dadʒi]
erblich	hereditário	[eredʒi'tarju]
angeboren	congênito	[kõ'ʒenitu]
Virus (m, n)	vírus (m)	['virus]
Mikrobe (f)	micróbio (m)	[mi'krɔbju]
Bakterie (f)	bactéria (f)	[bak'tɛrja]
Infektion (f)	infecção (f)	[ĩfek'sãw]

50. Symptome. Behandlungen. Teil 3

Krankenhaus (n)	hospital (m)	[ospi'taw]
Patient (m)	paciente (m)	[pa'sjẽtʃi]
Diagnose (f)	diagnóstico (m)	[dʒjag'nɔstʃiku]
Heilung (f)	cura (f)	['kura]
Behandlung (f)	tratamento (m) médico	[trata'mẽtu 'mɛdʒiku]
Behandlung bekommen	curar-se (vr)	[ku'rarsi]
behandeln (vt)	tratar (vt)	[tra'tar]
pflegen (Kranke)	cuidar (vt)	[kwi'dar]
Pflege (f)	cuidado (m)	[kwi'dadu]
Operation (f)	operação (f)	[opera'sãw]
verbinden (vt)	enfaixar (vt)	[ẽfaj'ʃar]
Verband (m)	enfaixamento (m)	[bã'daʒãj]
Impfung (f)	vacinação (f)	[vasina'sãw]
impfen (vt)	vacinar (vt)	[vasi'nar]
Spritze (f)	injeção (f)	[inʒe'sãw]
eine Spritze geben	dar uma injeção	[dar 'uma inʒe'sãw]
Anfall (m)	ataque (m)	[a'taki]
Amputation (f)	amputação (f)	[ãputa'sãw]
amputieren (vt)	amputar (vt)	[ãpu'tar]
Koma (n)	coma (f)	['kɔma]
im Koma liegen	estar em coma	[is'tar ẽ 'kɔma]
Reanimation (f)	reanimação (f)	[hianima'sãw]
genesen von … (vi)	recuperar-se (vr)	[hekupe'rarsi]
Zustand (m)	estado (m)	[i'stadu]
Bewusstsein (n)	consciência (f)	[kõ'sjẽsja]
Gedächtnis (n)	memória (f)	[me'mɔrja]
ziehen (einen Zahn ~)	tirar (vt)	[tʃi'rar]

| Plombe (f) | obturação (f) | [obitura'sãw] |
| plombieren (vt) | obturar (vt) | [obitu'rar] |

| Hypnose (f) | hipnose (f) | [ip'nɔzi] |
| hypnotisieren (vt) | hipnotizar (vt) | [ipnotʃi'zar] |

51. Ärzte

Arzt (m)	médico (m)	['mɛdʒiku]
Krankenschwester (f)	enfermeira (f)	[ẽfer'mejra]
Privatarzt (m)	médico (m) pessoal	['mɛdʒiku pe'swaw]

Zahnarzt (m)	dentista (m)	[dẽ'tʃista]
Augenarzt (m)	oculista (m)	[oku'lista]
Internist (m)	terapeuta (m)	[tera'pewta]
Chirurg (m)	cirurgião (m)	[sirur'ʒjãw]

Psychiater (m)	psiquiatra (m)	[psi'kjatra]
Kinderarzt (m)	pediatra (m)	[pe'dʒjatra]
Psychologe (m)	psicólogo (m)	[psi'kɔlogu]
Frauenarzt (m)	ginecologista (m)	[ʒinekolo'ʒista]
Kardiologe (m)	cardiologista (m)	[kardʒjolo'ʒista]

52. Medizin. Medikamente. Accessoires

Arznei (f)	medicamento (m)	[medʒika'mẽtu]
Heilmittel (n)	remédio (m)	[he'mɛdʒju]
verschreiben (vt)	receitar (vt)	[hesej'tar]
Rezept (n)	receita (f)	[he'sejta]

Tablette (f)	comprimido (m)	[kõpri'midu]
Salbe (f)	unguento (m)	[ũ'gwẽtu]
Ampulle (f)	ampola (f)	[ã'pola]
Mixtur (f)	solução, preparado (m)	[solu'sãw], [prepa'radu]
Sirup (m)	xarope (m)	[ʃa'rɔpi]
Pille (f)	cápsula (f)	['kapsula]
Pulver (n)	pó (m)	[pɔ]

Verband (m)	atadura (f)	[ata'dura]
Watte (f)	algodão (m)	[awgo'dãw]
Jod (n)	iodo (m)	['jodu]

Pflaster (n)	curativo (m) adesivo	[kura'tivu ade'zivu]
Pipette (f)	conta-gotas (m)	['kõta 'gotas]
Thermometer (n)	termômetro (m)	[ter'mometru]
Spritze (f)	seringa (f)	[se'rĩga]

| Rollstuhl (m) | cadeira (f) de rodas | [ka'dejra de 'hɔdas] |
| Krücken (pl) | muletas (f pl) | [mu'letas] |

| Betäubungsmittel (n) | analgésico (m) | [anaw'ʒɛziku] |
| Abführmittel (n) | laxante (m) | [la'ʃãtʃi] |

Spiritus (m)	**álcool** (m)	['awkɔw]
Heilkraut (n)	**ervas** (f pl) **medicinais**	['ɛrvas medʒisi'najs]
Kräuter- (z.B. Kräutertee)	**de ervas**	[de 'ɛrvas]

LEBENSRAUM DES MENSCHEN

Stadt

53. Stadt. Leben in der Stadt

Stadt (f)	cidade (f)	[si'daʤi]
Hauptstadt (f)	capital (f)	[kapi'taw]
Dorf (n)	aldeia (f)	[aw'deja]
Stadtplan (m)	mapa (m) da cidade	['mapa da si'daʤi]
Stadtzentrum (n)	centro (m) da cidade	['sẽtru da si'daʤi]
Vorort (m)	subúrbio (m)	[su'burbju]
Vorort-	suburbano	[subur'banu]
Stadtrand (m)	periferia (f)	[perife'ria]
Umgebung (f)	arredores (m pl)	[ahe'dɔris]
Stadtviertel (n)	quarteirão (m)	[kwartej'rãw]
Wohnblock (m)	quarteirão (m) residencial	[kwartej'rãw hezidẽ'sjaw]
Straßenverkehr (m)	tráfego (m)	['trafegu]
Ampel (f)	semáforo (m)	[se'maforu]
Stadtverkehr (m)	transporte (m) público	[trãs'portʃi 'publiku]
Straßenkreuzung (f)	cruzamento (m)	[kruza'mẽtu]
Übergang (m)	faixa (f)	['fajʃa]
Fußgängerunterführung (f)	túnel (m)	['tunew]
überqueren (vt)	cruzar, atravessar (vt)	[kru'zar], [atrave'sar]
Fußgänger (m)	pedestre (m)	[pe'dɛstri]
Gehweg (m)	calçada (f)	[kaw'sada]
Brücke (f)	ponte (f)	['põtʃi]
Kai (m)	margem (f) do rio	['marʒẽ du 'hiu]
Springbrunnen (m)	fonte (f)	['fõtʃi]
Allee (f)	alameda (f)	[ala'meda]
Park (m)	parque (m)	['parki]
Boulevard (m)	bulevar (m)	[bule'var]
Platz (m)	praça (f)	['prasa]
Avenue (f)	avenida (f)	[ave'nida]
Straße (f)	rua (f)	['hua]
Gasse (f)	travessa (f)	[tra'vɛsa]
Sackgasse (f)	beco (m) sem saída	['beku sẽ sa'ida]
Haus (n)	casa (f)	['kaza]
Gebäude (n)	edifício, prédio (m)	[eʤi'fisju], ['prɛʤju]
Wolkenkratzer (m)	arranha-céu (m)	[a'haɲa-sɛw]
Fassade (f)	fachada (f)	[fa'ʃada]
Dach (n)	telhado (m)	[te'ʎadu]

Fenster (n)	janela (f)	[ʒa'nɛla]
Bogen (m)	arco (m)	['arku]
Säule (f)	coluna (f)	[ko'luna]
Ecke (f)	esquina (f)	[is'kina]

Schaufenster (n)	vitrine (f)	[vi'trini]
Firmenschild (n)	letreiro (m)	[le'trejru]
Anschlag (m)	cartaz (m)	[kar'taz]
Werbeposter (m)	cartaz (m) publicitário	[kar'taz publisi'tarju]
Werbeschild (n)	painel (m) publicitário	[paj'nɛw publisi'tarju]

Müll (m)	lixo (m)	['liʃu]
Mülleimer (m)	lixeira (f)	[li'ʃejra]
Abfall wegwerfen	jogar lixo na rua	[ʒo'gar 'liʃu na 'hua]
Mülldeponie (f)	aterro (m) sanitário	[a'tehu sani'tarju]

Telefonzelle (f)	orelhão (m)	[ore'ʎãw]
Straßenlaterne (f)	poste (m) de luz	['pɔstʃi de luz]
Bank (Park-)	banco (m)	['bãku]

Polizist (m)	polícia (m)	[po'lisja]
Polizei (f)	polícia (f)	[po'lisja]
Bettler (m)	mendigo, pedinte (m)	[mẽ'dʒigu], [pe'dʒĩtʃi]
Obdachlose (m)	desabrigado (m)	[dʒizabri'gadu]

54. Innerstädtische Einrichtungen

Laden (m)	loja (f)	['lɔʒa]
Apotheke (f)	drogaria (f)	[droga'ria]
Optik (f)	ótica (f)	['ɔtʃika]
Einkaufszentrum (n)	centro (m) comercial	['sẽtru komer'sjaw]
Supermarkt (m)	supermercado (m)	[supermer'kadu]

Bäckerei (f)	padaria (f)	[pada'ria]
Bäcker (m)	padeiro (m)	[pa'dejru]
Konditorei (f)	pastelaria (f)	[pastela'ria]
Lebensmittelladen (m)	mercearia (f)	[mersja'ria]
Metzgerei (f)	açougue (m)	[a'sogi]

| Gemüseladen (m) | fruteira (f) | [fru'tejra] |
| Markt (m) | mercado (m) | [mer'kadu] |

Kaffeehaus (n)	cafeteria (f)	[kafete'ria]
Restaurant (n)	restaurante (m)	[hestaw'rãtʃi]
Bierstube (f)	bar (m)	[bar]
Pizzeria (f)	pizzaria (f)	[pitsa'ria]

Friseursalon (m)	salão (m) de cabeleireiro	[sa'lãw de kabelej'rejru]
Post (f)	agência (f) dos correios	[a'ʒẽsja dus ko'hejus]
chemische Reinigung (f)	lavanderia (f)	[lavãde'ria]
Fotostudio (n)	estúdio (m) fotográfico	[is'tudʒu foto'grafiku]

| Schuhgeschäft (n) | sapataria (f) | [sapata'ria] |
| Buchhandlung (f) | livraria (f) | [livra'ria] |

Sportgeschäft (n)	loja (f) de artigos esportivos	['lɔʒa de ar'tʃigus ispor'tʃivus]
Kleiderreparatur (f)	costureira (m)	[kostu'rejra]
Bekleidungsverleih (m)	aluguel (m) de roupa	[alu'gɛw de 'hopa]
Videothek (f)	videolocadora (f)	['vidʒju·loka'dɔra]

Zirkus (m)	circo (m)	['sirku]
Zoo (m)	jardim (m) zoológico	[ʒar'dʒĩ zo'lɔʒiku]
Kino (n)	cinema (m)	[si'nɛma]
Museum (n)	museu (m)	[mu'zew]
Bibliothek (f)	biblioteca (f)	[biblijo'tɛka]

Theater (n)	teatro (m)	['tʃatru]
Opernhaus (n)	ópera (f)	['ɔpera]
Nachtklub (m)	boate (f)	['bwatʃi]
Kasino (n)	cassino (m)	[ka'sinu]

Moschee (f)	mesquita (f)	[mes'kita]
Synagoge (f)	sinagoga (f)	[sina'gɔga]
Kathedrale (f)	catedral (f)	[kate'draw]
Tempel (m)	templo (m)	['tẽplu]
Kirche (f)	igreja (f)	[i'greʒa]

Institut (n)	faculdade (f)	[fakuw'dadʒi]
Universität (f)	universidade (f)	[universi'dadʒi]
Schule (f)	escola (f)	[is'kɔla]

Präfektur (f)	prefeitura (f)	[prefej'tura]
Rathaus (n)	câmara (f) municipal	['kamara munisi'paw]
Hotel (n)	hotel (m)	[o'tɛw]
Bank (f)	banco (m)	['bãku]

Botschaft (f)	embaixada (f)	[ẽbaj'ʃada]
Reisebüro (n)	agência (f) de viagens	[a'ʒẽsja de 'vjaʒẽs]
Informationsbüro (n)	agência (f) de informações	[a'ʒẽsja de ĩforma'sõjs]
Wechselstube (f)	casa (f) de câmbio	['kaza de 'kãbju]

U-Bahn (f)	metrô (m)	[me'tro]
Krankenhaus (n)	hospital (m)	[ospi'taw]

Tankstelle (f)	posto (m) de gasolina	['postu de gazo'lina]
Parkplatz (m)	parque (m) de estacionamento	['parki de istasjona'mẽtu]

55. Schilder

Firmenschild (n)	letreiro (m)	[le'trejru]
Aufschrift (f)	aviso (m)	[a'vizu]
Plakat (n)	pôster (m)	['poster]
Wegweiser (m)	placa (f) de direção	['plaka]
Pfeil (m)	seta (f)	['sɛta]

Vorsicht (f)	aviso (m), advertência (f)	[a'vizu], [adʒiver'tẽsja]
Warnung (f)	sinal (m) de aviso	[si'naw de a'vizu]
warnen (vt)	avisar, advertir (vt)	[avi'zar], [adʒiver'tʃir]

freier Tag (m)	dia (m) de folga	['dʒia de 'fowga]
Fahrplan (m)	horário (m)	[o'rarju]
Öffnungszeiten (pl)	horário (m)	[o'rarju]
HERZLICH WILLKOMMEN!	BEM-VINDOS!	[bẽj 'vĩdu]
EINGANG	ENTRADA	[ẽ'trada]
AUSGANG	SAÍDA	[sa'ida]
DRÜCKEN	EMPURRE	[ẽ'puhe]
ZIEHEN	PUXE	['puʃe]
GEÖFFNET	ABERTO	[a'bɛrtu]
GESCHLOSSEN	FECHADO	[fe'ʃadu]
DAMEN, FRAUEN	MULHER	[mu'ʎer]
HERREN, MÄNNER	HOMEM	['ɔmẽ]
AUSVERKAUF	DESCONTOS	[dʒis'kõtus]
REDUZIERT	SALDOS, PROMOÇÃO	['sawdus], [promo'sãw]
NEU!	NOVIDADE!	[novi'dadʒi]
GRATIS	GRÁTIS	['gratʃis]
ACHTUNG!	ATENÇÃO!	[atẽ'sãw]
ZIMMER BELEGT	NÃO HÁ VAGAS	['nãw a 'vagas]
RESERVIERT	RESERVADO	[hezer'vadu]
VERWALTUNG	ADMINISTRAÇÃO	[adʒiministra'sãw]
NUR FÜR PERSONAL	SOMENTE PESSOAL AUTORIZADO	[sɔ'mẽtʃi pe'swaw awtori'zadu]
VORSICHT BISSIGER HUND	CUIDADO CÃO FEROZ	[kwi'dadu kãw fe'rɔz]
RAUCHEN VERBOTEN!	PROIBIDO FUMAR!	[proi'bidu fu'mar]
BITTE NICHT BERÜHREN	NÃO TOCAR	['nãw to'kar]
GEFÄHRLICH	PERIGOSO	[peri'gozu]
VORSICHT!	PERIGO	[pe'rigu]
HOCHSPANNUNG	ALTA TENSÃO	['awta tẽ'sãw]
BADEN VERBOTEN	PROIBIDO NADAR	[proi'bidu na'dar]
AUßER BETRIEB	COM DEFEITO	[kõ de'fejtu]
LEICHTENTZÜNDLICH	INFLAMÁVEL	[ĩfla'mavew]
VERBOTEN	PROIBIDO	[proi'bidu]
DURCHGANG VERBOTEN	ENTRADA PROIBIDA	[ẽ'trada proi'bida]
FRISCH GESTRICHEN	CUIDADO TINTA FRESCA	[kwi'dadu 'tʃĩta 'freska]

56. Innerstädtischer Transport

Bus (m)	ônibus (m)	['onibus]
Straßenbahn (f)	bonde (m) elétrico	['bõdʒi e'lɛtriku]
Obus (m)	trólebus (m)	['trɔlebus]
Linie (f)	rota (f), itinerário (m)	['hɔta], [itʃine'rarju]
Nummer (f)	número (m)	['numeru]
mit ... fahren	ir de ...	[ir de]

einsteigen (vi)	entrar no ...	[ẽ'trar nu]
aussteigen (aus dem Bus)	descer do ...	[de'ser du]
Haltestelle (f)	parada (f)	[pa'rada]
nächste Haltestelle (f)	próxima parada (f)	['prɔsima pa'rada]
Endhaltestelle (f)	terminal (m)	[termi'naw]
Fahrplan (m)	horário (m)	[o'rarju]
warten (vi, vt)	esperar (vt)	[ispe'rar]
Fahrkarte (f)	passagem (f)	[pa'saʒẽ]
Fahrpreis (m)	tarifa (f)	[ta'rifa]
Kassierer (m)	bilheteiro (m)	[biʎe'tejru]
Fahrkartenkontrolle (f)	controle (m) de passagens	[kõ'trɔli de pa'saʒãjʃ]
Fahrkartenkontrolleur (m)	revisor (m)	[hevi'zor]
sich verspäten	atrasar-se (vr)	[atra'zarsi]
versäumen (Zug usw.)	perder (vt)	[per'der]
sich beeilen	estar com pressa	[is'tar kõ 'prɛsa]
Taxi (n)	táxi (m)	['taksi]
Taxifahrer (m)	taxista (m)	[tak'sista]
mit dem Taxi	de táxi	[de 'taksi]
Taxistand (m)	ponto (m) de táxis	['põtu de 'taksis]
ein Taxi rufen	chamar um táxi	[ʃa'mar ũ 'taksi]
ein Taxi nehmen	pegar um táxi	[pe'gar ũ 'taksi]
Straßenverkehr (m)	tráfego (m)	['trafegu]
Stau (m)	engarrafamento (m)	[ẽgahafa'mẽtu]
Hauptverkehrszeit (f)	horas (f pl) de pico	['ɔras de 'piku]
parken (vi)	estacionar (vi)	[istasjo'nar]
parken (vt)	estacionar (vt)	[istasjo'nar]
Parkplatz (m)	parque (m) de estacionamento	['parki de istasjona'mẽtu]
U-Bahn (f)	metrô (m)	[me'tro]
Station (f)	estação (f)	[ista'sãw]
mit der U-Bahn fahren	ir de metrô	[ir de me'tro]
Zug (m)	trem (m)	[trẽj]
Bahnhof (m)	estação (f) de trem	[ista'sãw de trẽj]

57. Sehenswürdigkeiten

Denkmal (n)	monumento (m)	[monu'mẽtu]
Festung (f)	fortaleza (f)	[forta'leza]
Palast (m)	palácio (m)	[pa'lasju]
Schloss (n)	castelo (m)	[kas'tɛlu]
Turm (m)	torre (f)	['tohi]
Mausoleum (n)	mausoléu (m)	[mawzo'lɛw]
Architektur (f)	arquitetura (f)	[arkite'tura]
mittelalterlich	medieval	[medʒje'vaw]
alt (antik)	antigo	[ã'tʃigu]
national	nacional	[nasjo'naw]

berühmt	famoso	[fa'mozu]
Tourist (m)	turista (m)	[tu'rista]
Fremdenführer (m)	guia (m)	['gia]
Ausflug (m)	excursão (f)	[iskur'sãw]
zeigen (vt)	mostrar (vt)	[mos'trar]
erzählen (vt)	contar (vt)	[kõ'tar]
finden (vt)	encontrar (vt)	[ẽkõ'trar]
sich verlieren	perder-se (vr)	[per'dersi]
Karte (U-Bahn ~)	mapa (m)	['mapa]
Karte (Stadt-)	mapa (m)	['mapa]
Souvenir (n)	lembrança (f), presente (m)	[lẽ'brãsa], [pre'zẽtʃi]
Souvenirladen (m)	loja (f) de presentes	['lɔʒa de pre'zẽtʃis]
fotografieren (vt)	tirar fotos	[tʃi'rar 'fɔtus]
sich fotografieren	fotografar-se (vr)	[fotogra'farse]

58. Shopping

kaufen (vt)	comprar (vt)	[kõ'prar]
Einkauf (m)	compra (f)	['kõpra]
einkaufen gehen	fazer compras	[fa'zer 'kõpras]
Einkaufen (n)	compras (f pl)	['kõpras]
offen sein (Laden)	estar aberta	[is'tar a'bɛrta]
zu sein	estar fechada	[is'tar fe'ʃada]
Schuhe (pl)	calçado (m)	[kaw'sadu]
Kleidung (f)	roupa (f)	['hopa]
Kosmetik (f)	cosméticos (m pl)	[koz'mɛtʃikus]
Lebensmittel (pl)	alimentos (m pl)	[ali'mẽtus]
Geschenk (n)	presente (m)	[pre'zẽtʃi]
Verkäufer (m)	vendedor (m)	[vẽde'dor]
Verkäuferin (f)	vendedora (f)	[vẽde'dora]
Kasse (f)	caixa (f)	['kaɪʃa]
Spiegel (m)	espelho (m)	[is'peʎu]
Ladentisch (m)	balcão (m)	[baw'kãw]
Umkleidekabine (f)	provador (m)	[prɔva'dor]
anprobieren (vt)	provar (vt)	[pro'var]
passen (Schuhe, Kleid)	servir (vi)	[ser'vir]
gefallen (vi)	gostar (vt)	[gos'tar]
Preis (m)	preço (m)	['presu]
Preisschild (n)	etiqueta (f) de preço	[etʃi'keta de 'presu]
kosten (vt)	custar (vt)	[kus'tar]
Wie viel?	Quanto?	['kwãtu]
Rabatt (m)	desconto (m)	[dʒis'kõtu]
preiswert	não caro	['nãw 'karu]
billig	barato	[ba'ratu]
teuer	caro	['karu]

Das ist teuer	É caro	[ɛ 'karu]
Verleih (m)	aluguel (m)	[alu'gɛw]
leihen, mieten (ein Auto usw.)	alugar (vt)	[alu'gar]
Kredit (m), Darlehen (n)	crédito (m)	['krɛdʒitu]
auf Kredit	a crédito	[a 'krɛdʒitu]

59. Geld

Geld (n)	dinheiro (m)	[dʒi'ɲejru]
Austausch (m)	câmbio (m)	['kãbju]
Kurs (m)	taxa (f) de câmbio	['taʃa de 'kãbju]
Geldautomat (m)	caixa (m) eletrônico	['kaɪʃa ele'troniku]
Münze (f)	moeda (f)	['mwɛda]

| Dollar (m) | dólar (m) | ['dɔlar] |
| Euro (m) | euro (m) | ['ewru] |

Lira (f)	lira (f)	['lira]
Mark (f)	marco (m)	['marku]
Franken (m)	franco (m)	['frãku]
Pfund Sterling (n)	libra (f) esterlina	['libra ister'linu]
Yen (m)	iene (m)	['jɛni]

Schulden (pl)	dívida (f)	['dʒivida]
Schuldner (m)	devedor (m)	[deve'dor]
leihen (vt)	emprestar (vt)	[ẽpres'tar]
leihen, borgen (Geld usw.)	pedir emprestado	[pe'dʒir ẽpres'tadu]

Bank (f)	banco (m)	['bãku]
Konto (n)	conta (f)	['kõta]
einzahlen (vt)	depositar (vt)	[depozi'tar]
auf ein Konto einzahlen	depositar na conta	[depozi'tar na 'kõta]
abheben (vt)	sacar (vt)	[sa'kar]

Kreditkarte (f)	cartão (m) de crédito	[kar'tãw de 'krɛdʒitu]
Bargeld (n)	dinheiro (m) vivo	[dʒi'ɲejru 'vivu]
Scheck (m)	cheque (m)	['ʃɛki]
einen Scheck schreiben	passar um cheque	[pa'sar ũ 'ʃɛki]
Scheckbuch (n)	talão (m) de cheques	[ta'lãw de 'ʃɛkis]

Geldtasche (f)	carteira (f)	[kar'tejra]
Geldbeutel (m)	niqueleira (f)	[nike'lejra]
Safe (m)	cofre (m)	['kɔfri]

Erbe (m)	herdeiro (m)	[er'dejru]
Erbschaft (f)	herança (f)	[e'rãsa]
Vermögen (n)	fortuna (f)	[for'tuna]

Pacht (f)	arrendamento (m)	[ahẽda'mẽtu]
Miete (f)	aluguel (m)	[alu'gɛw]
mieten (vt)	alugar (vt)	[alu'gar]

| Preis (m) | preço (m) | ['presu] |
| Kosten (pl) | custo (m) | ['kustu] |

Summe (f)	soma (f)	['sɔma]
ausgeben (vt)	gastar (vt)	[gas'tar]
Ausgaben (pl)	gastos (m pl)	['gastus]
sparen (vt)	economizar (vi)	[ekonomi'zar]
sparsam	econômico	[eko'nomiku]
zahlen (vt)	pagar (vt)	[pa'gar]
Lohn (m)	pagamento (m)	[paga'mẽtu]
Wechselgeld (n)	troco (m)	['troku]
Steuer (f)	imposto (m)	[ĩ'postu]
Geldstrafe (f)	multa (f)	['muwta]
bestrafen (vt)	multar (vt)	[muw'tar]

60. Post. Postdienst

Post (Postamt)	agência (f) dos correios	[a'ʒẽsja dus ko'hejus]
Post (Postsendungen)	correio (m)	[ko'heju]
Briefträger (m)	carteiro (m)	[kar'tejru]
Öffnungszeiten (pl)	horário (m)	[o'rarju]
Brief (m)	carta (f)	['karta]
Einschreibebrief (m)	carta (f) registada	['karta heʒis'tada]
Postkarte (f)	cartão (m) postal	[kar'tãw pos'taw]
Telegramm (n)	telegrama (m)	[tele'grama]
Postpaket (n)	encomenda (f)	[ẽko'mẽda]
Geldanweisung (f)	transferência (f) de dinheiro	[trãsfe'rẽsja de dʒi'ɲejru]
bekommen (vt)	receber (vt)	[hese'ber]
abschicken (vt)	enviar (vt)	[ẽ'vjar]
Absendung (f)	envio (m)	[ẽ'viu]
Postanschrift (f)	endereço (m)	[ẽde'resu]
Postleitzahl (f)	código (m) postal	['kɔdʒigu pos'taw]
Absender (m)	remetente (m)	[heme'tẽtʃi]
Empfänger (m)	destinatário (m)	[destʃina'tarju]
Vorname (m)	nome (m)	['nɔmi]
Nachname (m)	sobrenome (m)	[sobri'nɔmi]
Tarif (m)	tarifa (f)	[ta'rifa]
Standard- (Tarif)	ordinário	[ordʒi'narju]
Spar- (-tarif)	econômico	[eko'nomiku]
Gewicht (n)	peso (m)	['pezu]
abwiegen (vt)	pesar (vt)	[pe'zar]
Briefumschlag (m)	envelope (m)	[ẽve'lɔpi]
Briefmarke (f)	selo (m) postal	['selu pos'taw]
Briefmarke aufkleben	colar o selo	[ko'lar u 'selu]

Wohnung. Haus. Zuhause

61. Haus. Elektrizität

Elektrizität (f)	eletricidade (f)	[eletrisi'dadʒi]
Glühbirne (f)	lâmpada (f)	['lãpada]
Schalter (m)	interruptor (m)	[ĩtehup'tor]
Sicherung (f)	fusível, disjuntor (m)	[fu'zivew], [dʒisʒũ'tor]
Draht (m)	fio, cabo (m)	['fiu], ['kabu]
Leitung (f)	instalação (f) elétrica	[ĩstala'sãw e'lɛtrika]
Stromzähler (m)	medidor (m) de eletricidade	[medʒi'dor de eletrisi'dadʒi]
Zählerstand (m)	indicação (f), registro (m)	[indʒika'sãw], [he'ʒistru]

62. Villa. Schloss

Landhaus (n)	casa (f) de campo	['kaza de 'kãpu]
Villa (f)	vila (f)	['vila]
Flügel (m)	ala (f)	['ala]
Garten (m)	jardim (m)	[ʒar'dʒĩ]
Park (m)	parque (m)	['parki]
Orangerie (f)	estufa (f)	[is'tufa]
pflegen (Garten usw.)	cuidar de ...	[kwi'dar de]
Schwimmbad (n)	piscina (f)	[pi'sina]
Kraftraum (m)	academia (f) de ginástica	[akade'mia de ʒi'nastʃika]
Tennisplatz (m)	quadra (f) de tênis	['kwadra de 'tenis]
Heimkinoraum (m)	cinema (m)	[si'nɛma]
Garage (f)	garagem (f)	[ga'raʒẽ]
Privateigentum (n)	propriedade (f) privada	[proprje'dadʒi pri'vada]
Privatgrundstück (n)	terreno (m) privado	[te'hɛnu pri'vadu]
Warnung (f)	advertência (f)	[adʒiver'tẽsja]
Warnschild (n)	sinal (m) de aviso	[si'naw de a'vizu]
Bewachung (f)	guarda (f)	['gwarda]
Wächter (m)	guarda (m)	['gwarda]
Alarmanlage (f)	alarme (m)	[a'larmi]

63. Wohnung

Wohnung (f)	apartamento (m)	[aparta'mẽtu]
Zimmer (n)	quarto, cômodo (m)	['kwartu], ['komodu]
Schlafzimmer (n)	quarto (m) de dormir	['kwartu de dor'mir]

Esszimmer (n)	sala (f) de jantar	['sala de ʒã'tar]
Wohnzimmer (n)	sala (f) de estar	['sala de is'tar]
Arbeitszimmer (n)	escritório (m)	[iskri'tɔrju]

Vorzimmer (n)	sala (f) de entrada	['sala de ẽ'trada]
Badezimmer (n)	banheiro (m)	[ba'ɲejru]
Toilette (f)	lavabo (m)	[la'vabu]

Decke (f)	teto (m)	['tɛtu]
Fußboden (m)	chão, piso (m)	['ʃãw], ['pizu]
Ecke (f)	canto (m)	['kãtu]

64. Möbel. Innenausstattung

Möbel (n)	mobiliário (m)	[mobi'ljarju]
Tisch (m)	mesa (f)	['meza]
Stuhl (m)	cadeira (f)	[ka'dejra]
Bett (n)	cama (f)	['kama]

| Sofa (n) | sofá, divã (m) | [so'fa], [dʒi'vã] |
| Sessel (m) | poltrona (f) | [pow'trɔna] |

| Bücherschrank (m) | estante (f) | [is'tãtʃi] |
| Regal (n) | prateleira (f) | [prate'lejra] |

Schrank (m)	guarda-roupas (m)	['gwarda 'hopa]
Hakenleiste (f)	cabide (m) de parede	[ka'bidʒi de pa'redʒi]
Kleiderständer (m)	cabideiro (m) de pé	[kabi'dejru de pɛ]

| Kommode (f) | cômoda (f) | ['komoda] |
| Couchtisch (m) | mesinha (f) de centro | [me'ziɲa de 'sẽtru] |

Spiegel (m)	espelho (m)	[is'peʎu]
Teppich (m)	tapete (m)	[ta'petʃi]
Matte (kleiner Teppich)	tapete (m)	[ta'petʃi]

Kamin (m)	lareira (f)	[la'rejra]
Kerze (f)	vela (f)	['vɛla]
Kerzenleuchter (m)	castiçal (m)	[kastʃi'saw]

Vorhänge (pl)	cortinas (f pl)	[kor'tʃinas]
Tapete (f)	papel (m) de parede	[pa'pɛw de pa'redʒi]
Jalousie (f)	persianas (f pl)	[per'sjanas]

| Tischlampe (f) | luminária (f) de mesa | [lumi'narja de 'meza] |
| Leuchte (f) | luminária (f) de parede | [lumi'narja de pa'redʒi] |

| Stehlampe (f) | abajur (m) de pé | [aba'ʒur de 'pɛ] |
| Kronleuchter (m) | lustre (m) | ['lustri] |

Bein (Tischbein usw.)	pé (m)	[pɛ]
Armlehne (f)	braço, descanso (m)	['brasu], [dʒis'kãsu]
Lehne (f)	costas (f pl)	['kɔstas]
Schublade (f)	gaveta (f)	[ga'veta]

65. Bettwäsche

Bettwäsche (f)	roupa (f) de cama	['hopa de 'kama]
Kissen (n)	travesseiro (m)	[trave'sejru]
Kissenbezug (m)	fronha (f)	['froɲa]
Bettdecke (f)	cobertor (m)	[kuber'tor]
Laken (n)	lençol (m)	[lẽ'sɔw]
Tagesdecke (f)	colcha (f)	['kowʃa]

66. Küche

Küche (f)	cozinha (f)	[ko'ziɲa]
Gas (n)	gás (m)	[gajs]
Gasherd (m)	fogão (m) a gás	[fo'gãw a gajs]
Elektroherd (m)	fogão (m) elétrico	[fo'gãw e'lɛtriku]
Backofen (m)	forno (m)	['fornu]
Mikrowellenherd (m)	forno (m) de micro-ondas	['fornu de mikro'õdas]
Kühlschrank (m)	geladeira (f)	[ʒela'dejra]
Tiefkühltruhe (f)	congelador (m)	[kõʒela'dor]
Geschirrspülmaschine (f)	máquina (f) de lavar louça	['makina de la'var 'losa]
Fleischwolf (m)	moedor (m) de carne	[moe'dor de 'karni]
Saftpresse (f)	espremedor (m)	[ispreme'dor]
Toaster (m)	torradeira (f)	[toha'dejra]
Mixer (m)	batedeira (f)	[bate'dejra]
Kaffeemaschine (f)	máquina (f) de café	['makina de ka'fɛ]
Kaffeekanne (f)	cafeteira (f)	[kafe'tejra]
Kaffeemühle (f)	moedor (m) de café	[moe'dor de ka'fɛ]
Wasserkessel (m)	chaleira (f)	[ʃa'lejra]
Teekanne (f)	bule (m)	['buli]
Deckel (m)	tampa (f)	['tãpa]
Teesieb (n)	coador (m) de chá	[koa'dor de ʃa]
Löffel (m)	colher (f)	[ko'ʎer]
Teelöffel (m)	colher (f) de chá	[ko'ʎer de ʃa]
Esslöffel (m)	colher (f) de sopa	[ko'ʎer de 'sopa]
Gabel (f)	garfo (m)	['garfu]
Messer (n)	faca (f)	['faka]
Geschirr (n)	louça (f)	['losa]
Teller (m)	prato (m)	['pratu]
Untertasse (f)	pires (m)	['piris]
Schnapsglas (n)	cálice (m)	['kalisi]
Glas (n)	copo (m)	['kɔpu]
Tasse (f)	xícara (f)	['ʃikara]
Zuckerdose (f)	açucareiro (m)	[asuka'rejru]
Salzstreuer (m)	saleiro (m)	[sa'lejru]
Pfefferstreuer (m)	pimenteiro (m)	[pimẽ'tejru]

Butterdose (f)	manteigueira (f)	[mãtej'gejra]
Kochtopf (m)	panela (f)	[pa'nɛla]
Pfanne (f)	frigideira (f)	[friʒi'dejra]
Schöpflöffel (m)	concha (f)	['kõʃa]
Durchschlag (m)	coador (m)	[koa'dor]
Tablett (n)	bandeja (f)	[bã'deʒa]
Flasche (f)	garrafa (f)	[ga'hafa]
Glas (Einmachglas)	pote (m) de vidro	['potʃi de 'vidru]
Dose (f)	lata (f)	['lata]
Flaschenöffner (m)	abridor (m) de garrafa	[abri'dor de ga'hafa]
Dosenöffner (m)	abridor (m) de latas	[abri'dor de 'latas]
Korkenzieher (m)	saca-rolhas (m)	['saka-'hoʎas]
Filter (n)	filtro (m)	['fiwtru]
filtern (vt)	filtrar (vt)	[fiw'trar]
Müll (m)	lixo (m)	['liʃu]
Mülleimer, Treteimer (m)	lixeira (f)	[li'ʃejra]

67. Bad

Badezimmer (n)	banheiro (m)	[ba'ɲejru]
Wasser (n)	água (f)	['agwa]
Wasserhahn (m)	torneira (f)	[tor'nejra]
Warmwasser (n)	água (f) quente	['agwa 'kẽtʃi]
Kaltwasser (n)	água (f) fria	['agwa 'fria]
Zahnpasta (f)	pasta (f) de dente	['pasta de 'dẽtʃi]
Zähne putzen	escovar os dentes	[isko'var us 'dẽtʃis]
Zahnbürste (f)	escova (f) de dente	[is'kova de 'dẽtʃi]
sich rasieren	barbear-se (vr)	[bar'bjarsi]
Rasierschaum (m)	espuma (f) de barbear	[is'puma de bar'bjar]
Rasierer (m)	gilete (f)	[ʒi'lɛtʃi]
waschen (vt)	lavar (vt)	[la'var]
sich waschen	tomar banho	[to'mar baɲu]
Dusche (f)	chuveiro (m), ducha (f)	[ʃu'vejru], ['duʃa]
sich duschen	tomar uma ducha	[to'mar 'uma 'duʃa]
Badewanne (f)	banheira (f)	[ba'ɲejra]
Klosettbecken (n)	vaso (m) sanitário	['vazu sani'tarju]
Waschbecken (n)	pia (f)	['pia]
Seife (f)	sabonete (m)	[sabo'netʃi]
Seifenschale (f)	saboneteira (f)	[sabone'tejra]
Schwamm (m)	esponja (f)	[is'põʒa]
Shampoo (n)	xampu (m)	[ʃã'pu]
Handtuch (n)	toalha (f)	[to'aʎa]
Bademantel (m)	roupão (m) de banho	[ho'pãw de 'baɲu]
Wäsche (f)	lavagem (f)	[la'vaʒẽ]
Waschmaschine (f)	lavadora (f) de roupas	[lava'dora de 'hopas]

T&P Books. Wortschatz Deutsch-Brasilianisch Portugiesisch für das Selbststudium - 5000 Wörter

| waschen (vt) | lavar a roupa | [la'var a 'hopa] |
| Waschpulver (n) | detergente (m) | [deter'ʒetʃi] |

68. Haushaltsgeräte

Fernseher (m)	televisor (m)	[televi'zor]
Tonbandgerät (n)	gravador (m)	[grava'dor]
Videorekorder (m)	videogravador (m)	['vidʒju·grava'dor]
Empfänger (m)	rádio (m)	['hadʒju]
Player (m)	leitor (m)	[lej'tor]

Videoprojektor (m)	projetor (m)	[proʒe'tor]
Heimkino (n)	cinema (m) em casa	[si'nɛma ẽ 'kaza]
DVD-Player (m)	DVD Player (m)	[deve'de 'plejer]
Verstärker (m)	amplificador (m)	[ãplifika'dor]
Spielkonsole (f)	console (f) de jogos	[kõ'sɔli de 'ʒogus]

Videokamera (f)	câmera (f) de vídeo	['kamera de 'vidʒju]
Kamera (f)	máquina (f) fotográfica	['makina foto'grafika]
Digitalkamera (f)	câmera (f) digital	['kamera dʒiʒi'taw]

Staubsauger (m)	aspirador (m)	[aspira'dor]
Bügeleisen (n)	ferro (m) de passar	['fɛhu de pa'sar]
Bügelbrett (n)	tábua (f) de passar	['tabwa de pa'sar]

Telefon (n)	telefone (m)	[tele'fɔni]
Mobiltelefon (n)	celular (m)	[selu'lar]
Schreibmaschine (f)	máquina (f) de escrever	['makina de iskre'ver]
Nähmaschine (f)	máquina (f) de costura	['makina de kos'tura]

Mikrophon (n)	microfone (m)	[mikro'fɔni]
Kopfhörer (m)	fone (m) de ouvido	['fɔni de o'vidu]
Fernbedienung (f)	controle remoto (m)	[kõ'troli he'mɔtu]

CD (f)	CD (m)	['sede]
Kassette (f)	fita (f) cassete	['fita ka'sɛtʃi]
Schallplatte (f)	disco (m) de vinil	['dʒisku de vi'niw]

AKTIVITÄTEN DES MENSCHEN

Beruf. Geschäft. Teil 1

69. Büro. Arbeiten im Büro

Büro (Firmensitz)	escritório (m)	[iskri'tɔrju]
Büro (~ des Direktors)	escritório (m)	[iskri'tɔrju]
Rezeption (f)	recepção (f)	[hesep'sãw]
Sekretär (m)	secretário (m)	[sekre'tarju]
Sekretärin (f)	secretária (f)	[sekre'tarja]

Direktor (m)	diretor (m)	[dʒire'tor]
Manager (m)	gerente (m)	[ʒe'rẽtʃi]
Buchhalter (m)	contador (m)	[kõta'dɔr]
Mitarbeiter (m)	empregado (m)	[ẽpre'gadu]

Möbel (n)	mobiliário (m)	[mobi'ljarju]
Tisch (m)	mesa (f)	['meza]
Schreibtischstuhl (m)	cadeira (f)	[ka'dejra]
Rollcontainer (m)	gaveteiro (m)	[gave'tejru]
Kleiderständer (m)	cabideiro (m) de pé	[kabi'dejru de pɛ]

Computer (m)	computador (m)	[kõputa'dor]
Drucker (m)	impressora (f)	[ĩpre'sora]
Fax (n)	fax (m)	[faks]
Kopierer (m)	fotocopiadora (f)	[fotokopja'dora]

Papier (n)	papel (m)	[pa'pɛw]
Büromaterial (n)	artigos (m pl) de escritório	[ar'tʃigus de iskri'tɔrju]
Mousepad (n)	tapete (m) para mouse	[ta'petʃi 'para 'mawz]
Blatt (n) Papier	folha (f)	['foʎa]
Ordner (m)	pasta (f)	['pasta]

Katalog (m)	catálogo (m)	[ka'talogu]
Adressbuch (n)	lista (f) telefônica	['lista tele'fonika]
Dokumentation (f)	documentação (f)	[dokumẽta'sãw]
Broschüre (f)	brochura (f)	[bro'ʃura]
Flugblatt (n)	panfleto (m)	[pã'fletu]
Muster (n)	amostra (f)	[a'mɔstra]

Training (n)	formação (f)	[forma'sãw]
Meeting (n)	reunião (f)	[heu'njãw]
Mittagspause (f)	hora (f) de almoço	['ɔra de aw'mosu]

eine Kopie machen	fazer uma cópia	[fa'zer 'uma 'kɔpja]
vervielfältigen (vt)	tirar cópias	[tʃi'rar 'kɔpjas]
ein Fax bekommen	receber um fax	[hese'ber ũ faks]
ein Fax senden	enviar um fax	[ẽ'vjar ũ faks]

anrufen (vt)	fazer uma chamada	[fa'zer 'uma ʃa'mada]
antworten (vi)	responder (vt)	[hespõ'der]
verbinden (vt)	passar (vt)	[pa'sar]
ausmachen (vt)	marcar (vt)	[mar'kar]
demonstrieren (vt)	demonstrar (vt)	[demõs'trar]
fehlen (am Arbeitsplatz ~)	estar ausente	[is'tar aw'zẽtʃi]
Abwesenheit (f)	ausência (f)	[aw'zẽsja]

70. Geschäftsabläufe. Teil 1

Geschäft (n) (z.B. ~ in Wolle)	negócio (m)	[ne'gɔsju]
Angelegenheit (f)	ocupação (f)	[okupa'sãw]
Firma (f)	firma, empresa (f)	['firma], [ẽ'preza]
Gesellschaft (f)	companhia (f)	[kõpa'ɲia]
Konzern (m)	corporação (f)	[korpora'sãw]
Unternehmen (n)	empresa (f)	[ẽ'preza]
Agentur (f)	agência (f)	[a'ʒẽsja]

Vereinbarung (f)	acordo (m)	[a'kordu]
Vertrag (m)	contrato (m)	[kõ'tratu]
Geschäft (Transaktion)	acordo (m)	[a'kordu]
Auftrag (Bestellung)	pedido (m)	[pe'dʒidu]
Bedingung (f)	termos (m pl)	['termus]

en gros (im Großen)	por atacado	[por ata'kadu]
Großhandels-	por atacado	[por atak'adu]
Großhandel (m)	venda (f) por atacado	['vẽda pur ata'kadu]
Einzelhandels-	a varejo	[a va'reʒu]
Einzelhandel (m)	venda (f) a varejo	['vẽda a va'reʒu]

Konkurrent (m)	concorrente (m)	[kõko'hẽtʃi]
Konkurrenz (f)	concorrência (f)	[kõko'hẽsja]
konkurrieren (vi)	competir (vi)	[kõpe'tʃir]

| Partner (m) | sócio (m) | ['sɔsju] |
| Partnerschaft (f) | parceria (f) | [parse'ria] |

Krise (f)	crise (f)	['krizi]
Bankrott (m)	falência (f)	[fa'lẽsja]
Bankrott machen	entrar em falência	[ẽ'trar ẽ fa'lẽsja]
Schwierigkeit (f)	dificuldade (f)	[dʒifikuw'dadʒi]
Problem (n)	problema (m)	[prob'lɛma]
Katastrophe (f)	catástrofe (f)	[ka'tastrofi]

Wirtschaft (f)	economia (f)	[ekono'mia]
wirtschaftlich	econômico	[eko'nomiku]
Rezession (f)	recessão (f) econômica	[hesep'sãw eko'nomika]

| Ziel (n) | objetivo (m) | [obʒe'tʃivu] |
| Aufgabe (f) | tarefa (f) | [ta'rɛfa] |

| handeln (Handel treiben) | comerciar (vi, vt) | [komer'sjar] |
| Netz (Verkaufs-) | rede (f), cadeia (f) | ['hedʒi], [ka'deja] |

Lager (n)	estoque (m)	[is'tɔki]
Sortiment (n)	sortimento (m)	[sortʃi'mẽtu]
führende Unternehmen (n)	líder (m)	['lider]
groß (-e Firma)	grande	['grãdʒi]
Monopol (n)	monopólio (m)	[mono'pɔlju]
Theorie (f)	teoria (f)	[teo'ria]
Praxis (f)	prática (f)	['pratʃika]
Erfahrung (f)	experiência (f)	[ispe'rjẽsja]
Tendenz (f)	tendência (f)	[tẽ'dẽsja]
Entwicklung (f)	desenvolvimento (m)	[dʒizẽvowvi'mẽtu]

71. Geschäftsabläufe. Teil 2

Vorteil (m)	rentabilidade (f)	[hẽtabili'dadʒi]
vorteilhaft	rentável	[hẽ'tavew]
Delegation (f)	delegação (f)	[delega'sãw]
Lohn (m)	salário, ordenado (m)	[sa'larju], [orde'nadu]
korrigieren (vt)	corrigir (vt)	[kohi'ʒir]
Dienstreise (f)	viagem (f) de negócios	['vjaʒẽ de ne'gɔsjus]
Kommission (f)	comissão (f)	[komi'sãw]
kontrollieren (vt)	controlar (vt)	[kõtro'lar]
Konferenz (f)	conferência (f)	[kõfe'rẽsja]
Lizenz (f)	licença (f)	[li'sẽsa]
zuverlässig	confiável	[kõ'fjavew]
Initiative (f)	empreendimento (m)	[ẽprjẽdʒi'mẽtu]
Norm (f)	norma (f)	['nɔrma]
Umstand (m)	circunstância (f)	[sirkũ'stãsja]
Pflicht (f)	dever (m)	[de'ver]
Unternehmen (n)	empresa (f)	[ẽ'preza]
Organisation (Prozess)	organização (f)	[organiza'sãw]
organisiert (Adj)	organizado	[organi'zadu]
Abschaffung (f)	anulação (f)	[anula'sãw]
abschaffen (vt)	anular, cancelar (vt)	[anu'lar], [kãse'lar]
Bericht (m)	relatório (m)	[hela'tɔrju]
Patent (n)	patente (f)	[pa'tẽtʃi]
patentieren (vt)	patentear (vt)	[patẽ'tʃjar]
planen (vt)	planejar (vt)	[plane'ʒar]
Prämie (f)	bônus (m)	['bonus]
professionell	profissional	[profisjo'naw]
Prozedur (f)	procedimento (m)	[prosedʒi'mẽtu]
prüfen (Vertrag ~)	examinar (vt)	[ezami'nar]
Berechnung (f)	cálculo (m)	['kawkulu]
Ruf (m)	reputação (f)	[reputa'sãw]
Risiko (n)	risco (m)	['hisku]
leiten (vt)	dirigir (vt)	[dʒiri'ʒir]

Informationen (pl)	informação (f)	[ĩforma'sãw]
Eigentum (n)	propriedade (f)	[proprje'dadʒi]
Bund (m)	união (f)	[u'njãw]
Lebensversicherung (f)	seguro (m) de vida	[se'guru de 'vida]
versichern (vt)	fazer um seguro	[fa'zer ũ se'guru]
Versicherung (f)	seguro (m)	[se'guru]
Auktion (f)	leilão (m)	[lej'lãw]
benachrichtigen (vt)	notificar (vt)	[notʃifi'kar]
Verwaltung (f)	gestão (f)	[ʒes'tãw]
Dienst (m)	serviço (m)	[ser'visu]
Forum (n)	fórum (m)	['forũ]
funktionieren (vi)	funcionar (vi)	[fũsjo'nar]
Etappe (f)	estágio (m)	[is'taʒu]
juristisch	jurídico, legal	[ʒu'ridʒiku], [le'gaw]
Jurist (m)	advogado (m)	[adʒivo'gadu]

72. Fertigung. Arbeiten

Werk (n)	usina (f)	[u'zina]
Fabrik (f)	fábrica (f)	['fabrika]
Werkstatt (f)	oficina (f)	[ɔfi'sina]
Betrieb (m)	local (m) de produção	[lo'kaw de produ'sãw]
Industrie (f)	indústria (f)	[ĩ'dustrja]
Industrie-	industrial	[ĩdus'trjaw]
Schwerindustrie (f)	indústria (f) pesada	[ĩ'dustrja pe'zada]
Leichtindustrie (f)	indústria (f) ligeira	[ĩ'dustrja li'ʒejra]
Produktion (f)	produção (f)	[produ'sãw]
produzieren (vt)	produzir (vt)	[produ'zir]
Rohstoff (m)	matérias-primas (f pl)	[ma'tɛrjas 'primas]
Vorarbeiter (m), Meister (m)	chefe (m) de obras	['ʃɛfi de 'ɔbras]
Arbeitsteam (n)	equipe (f)	[e'kipi]
Arbeiter (m)	operário (m)	[ope'rarju]
Arbeitstag (m)	dia (m) de trabalho	['dʒia de tra'baʎu]
Pause (f)	intervalo (m)	[ĩter'valu]
Versammlung (f)	reunião (f)	[heu'njãw]
besprechen (vt)	discutir (vt)	[dʒisku'tʃir]
Plan (m)	plano (m)	['planu]
den Plan erfüllen	cumprir o plano	[kũ'prir u 'planu]
Arbeitsertrag (m)	taxa (f) de produção	['taʃa de produ'sãw]
Qualität (f)	qualidade (f)	[kwali'dadʒi]
Prüfung, Kontrolle (f)	controle (m)	[kõ'trɔli]
Gütekontrolle (f)	controle (m) da qualidade	[kõ'trɔli da kwali'dadʒi]
Arbeitsplatzsicherheit (f)	segurança (f) no trabalho	[segu'rãsa nu tra'baʎu]
Disziplin (f)	disciplina (f)	[dʒisi'plina]
Übertretung (f)	infração (f)	[ĩfra'sãw]

übertreten (vt)	violar (vt)	[vjo'lar]
Streik (m)	greve (f)	['grɛvi]
Streikender (m)	grevista (m)	[gre'vista]
streiken (vi)	estar em greve	[is'tar ẽ 'grɛvi]
Gewerkschaft (f)	sindicato (m)	[sĩdʒi'katu]

erfinden (vt)	inventar (vt)	[ĩvẽ'tar]
Erfindung (f)	invenção (f)	[ĩvẽ'sãw]
Erforschung (f)	pesquisa (f)	[pes'kiza]
verbessern (vt)	melhorar (vt)	[meʎo'rar]
Technologie (f)	tecnologia (f)	[teknolo'ʒia]
technische Zeichnung (f)	desenho (m) técnico	[de'zɛɲu 'tɛkniku]

Ladung (f)	carga (f)	['karga]
Ladearbeiter (m)	carregador (m)	[kahega'dor]
laden (vt)	carregar (vt)	[kahe'gar]
Beladung (f)	carregamento (m)	[kahega'mẽtu]
entladen (vt)	descarregar (vt)	[dʒiskahe'gar]
Entladung (f)	descarga (f)	[dʒis'karga]

Transport (m)	transporte (m)	[trãs'pɔrtʃi]
Transportunternehmen (n)	companhia (f) de transporte	[kõpa'ɲia de trãs'pɔrtʃi]
transportieren (vt)	transportar (vt)	[trãspor'tar]

Güterwagen (m)	vagão (m) de carga	[va'gãw de 'karga]
Zisterne (f)	tanque (m)	['tãki]
Lastkraftwagen (m)	caminhão (m)	[kami'ɲãw]

| Werkzeugmaschine (f) | máquina (f) operatriz | ['makina opera'triz] |
| Mechanismus (m) | mecanismo (m) | [meka'nizmu] |

Industrieabfälle (pl)	resíduos (m pl) industriais	[he'zidwus ĩdus'trjajs]
Verpacken (n)	embalagem (f)	[ẽba'laʒẽ]
verpacken (vt)	embalar (vt)	[ẽba'lar]

73. Vertrag. Zustimmung

Vertrag (m), Auftrag (m)	contrato (m)	[kõ'tratu]
Vereinbarung (f)	acordo (m)	[a'kordu]
Anhang (m)	anexo (m)	[a'nɛksu]

einen Vertrag abschließen	assinar o contrato	[asi'nar u kõ'tratu]
Unterschrift (f)	assinatura (f)	[asina'tura]
unterschreiben (vt)	assinar (vt)	[asi'nar]
Stempel (m)	carimbo (m)	[ka'rĩbu]

Vertragsgegenstand (m)	objeto (m) do contrato	[ob'ʒɛtu du kõ'tratu]
Punkt (m)	cláusula (f)	['klawzula]
Parteien (pl)	partes (f pl)	['partʃis]
rechtmäßige Anschrift (f)	domicílio (m) legal	[domi'silju le'gaw]

Vertrag brechen	violar o contrato	[vjo'lar u kõ'tratu]
Verpflichtung (f)	obrigação (f)	[obriga'sãw]
Verantwortlichkeit (f)	responsabilidade (f)	[hespõsabili'dadʒi]

Force majeure (f)	força (f) maior	['forsa ma'jɔr]
Streit (m)	litígio (m), disputa (f)	[li'tʃiʒju], [dʒis'puta]
Strafsanktionen (pl)	multas (f pl)	['muwtas]

74. Import & Export

Import (m)	importação (f)	[importa'sãw]
Importeur (m)	importador (m)	[ĩporta'dor]
importieren (vt)	importar (vt)	[ĩpor'tar]
Import-	de importação	[de importa'sãw]

Export (m)	exportação (f)	[isporta'sãw]
Exporteur (m)	exportador (m)	[isporta'dor]
exportieren (vt)	exportar (vt)	[ispor'tar]
Export-	de exportação	[de isporta'sãw]

| Waren (pl) | mercadoria (f) | [merkado'ria] |
| Partie (f), Ladung (f) | lote (m) | ['lɔtʃi] |

Gewicht (n)	peso (m)	['pezu]
Volumen (n)	volume (m)	[vo'lumi]
Kubikmeter (m)	metro (m) cúbico	['mɛtru 'kubiku]

Hersteller (m)	produtor (m)	[produ'tor]
Transportunternehmen (n)	companhia (f) de transporte	[kõpa'ɲia de trãs'pɔrtʃi]
Container (m)	contêiner (m)	[kõ'tejner]

Grenze (f)	fronteira (f)	[frõ'tejra]
Zollamt (n)	alfândega (f)	[aw'fãdʒiga]
Zoll (m)	taxa (f) alfandegária	['taʃa awfãde'garja]
Zollbeamter (m)	funcionário (m) da alfândega	[fũsjo'narju da aw'fãdʒiga]
Schmuggel (m)	contrabando (m)	[kõtra'bãdu]
Schmuggelware (f)	contrabando (m)	[kõtra'bãdu]

75. Finanzen

Aktie (f)	ação (f)	[a'sãw]
Obligation (f)	obrigação (f)	[obriga'sãw]
Wechsel (m)	nota (f) promissória	['nɔta promi'sɔrja]

| Börse (f) | bolsa (f) de valores | ['bowsa de va'lores] |
| Aktienkurs (m) | cotação (m) das ações | [kota'sãw das a'sõjs] |

| billiger werden | tornar-se mais barato | [tor'narsi majs ba'ratu] |
| teuer werden | tornar-se mais caro | [tor'narsi majs 'karu] |

Anteil (m)	parte (f)	['partʃi]
Mehrheitsbeteiligung (f)	participação (f) majoritária	[partʃisipa'sãw maʒori'tarja]
Investitionen (pl)	investimento (m)	[ĩvestʃi'mẽtu]
investieren (vt)	investir (vt)	[ĩves'tʃir]
Prozent (n)	porcentagem (f)	[porsẽ'taʒẽ]
Zinsen (pl)	juros (m pl)	['ʒurus]

Gewinn (m)	lucro (m)	['lukɾu]
gewinnbringend	lucrativo	[lukɾa'tʃivu]
Steuer (f)	imposto (m)	[ĩ'postu]
Währung (f)	divisa (f)	[dʒi'viza]
Landes-	nacional	[nasjo'naw]
Geldumtausch (m)	câmbio (m)	['kãbju]
Buchhalter (m)	contador (m)	[kõta'dɔɾ]
Buchhaltung (f)	contabilidade (f)	[kõtabili'dadʒi]
Bankrott (m)	falência (f)	[fa'lẽsja]
Zusammenbruch (m)	falência, quebra (f)	[fa'lẽsja], ['kɛbɾa]
Pleite (f)	ruína (f)	['hwina]
pleite gehen	estar quebrado	[is'taɾ ke'bɾadu]
Inflation (f)	inflação (f)	[ĩfla'sãw]
Abwertung (f)	desvalorização (f)	[dʒizvaloɾiza'sãw]
Kapital (n)	capital (m)	[kapi'taw]
Einkommen (n)	rendimento (m)	[hẽdʒi'mẽtu]
Umsatz (m)	volume (m) de negócios	[vo'lumi de ne'gɔsjus]
Mittel (Reserven)	recursos (m pl)	[he'kuɾsus]
Geldmittel (pl)	recursos (m pl) financeiros	[he'kuɾsus finã'sejɾus]
Gemeinkosten (pl)	despesas (f pl) gerais	[dʒis'pezas ʒe'ɾajs]
reduzieren (vt)	reduzir (vt)	[hedu'ziɾ]

76. Marketing

Marketing (n)	marketing (m)	['maɾketʃĩŋ]
Markt (m)	mercado (m)	[meɾ'kadu]
Marktsegment (n)	segmento (m) do mercado	[sɛg'mẽtu du meɾ'kadu]
Produkt (n)	produto (m)	[pɾu'dutu]
Waren (pl)	mercadoria (f)	[meɾkado'ɾia]
Schutzmarke (f)	marca (f)	['maɾka]
Handelsmarke (f)	marca (f) registrada	['maɾka heʒis'tɾada]
Firmenzeichen (n)	logotipo (m)	[logo'tʃipu]
Logo (n)	logo (m)	['lɔgu]
Nachfrage (f)	demanda (f)	[de'mãda]
Angebot (n)	oferta (f)	[ɔ'fɛɾta]
Bedürfnis (n)	necessidade (f)	[nesesi'dadʒi]
Verbraucher (m)	consumidor (m)	[kõsumi'doɾ]
Analyse (f)	análise (f)	[a'nalizi]
analysieren (vt)	analisar (vt)	[anali'zaɾ]
Positionierung (f)	posicionamento (m)	[pozisjona'mẽtu]
positionieren (vt)	posicionar (vt)	[pozisjo'naɾ]
Preis (m)	preço (m)	['pɾesu]
Preispolitik (f)	política (f) de preços	[po'litʃika de 'pɾesus]
Preisbildung (f)	formação (f) de preços	[foɾma'sãw de 'pɾesus]

77. Werbung

Werbung (f)	publicidade (f)	[publisi'dadʒi]
werben (vt)	fazer publicidade	[fa'zer publisi'dadʒi]
Budget (n)	orçamento (m)	[orsa'mẽtu]

Werbeanzeige (f)	anúncio (m)	[a'nũsju]
Fernsehwerbung (f)	publicidade (f) televisiva	[publisi'dadʒi televi'ziva]
Radiowerbung (f)	publicidade (f) na rádio	[publisi'dadʒi na 'hadʒju]
Außenwerbung (f)	publicidade (f) exterior	[publisi'dadʒi iste'rjor]

Massenmedien (pl)	comunicação (f) de massa	[komunika'sãw de 'masa]
Zeitschrift (f)	periódico (m)	[pe'rjɔdʒiku]
Image (n)	imagem (f)	[i'maʒẽ]

Losung (f)	slogan (m)	[iz'lɔgã]
Motto (n)	mote (m), lema (f)	['mɔtʃi], ['lɛma]

Kampagne (f)	campanha (f)	[kã'paɲa]
Werbekampagne (f)	campanha (f) publicitária	[kã'paɲa publisi'tarja]
Zielgruppe (f)	grupo (m) alvo	['grupu 'awvu]

Visitenkarte (f)	cartão (m) de visita	[kar'tãw de vi'zita]
Flugblatt (n)	panfleto (m)	[pã'fletu]
Broschüre (f)	brochura (f)	[bro'ʃura]
Faltblatt (n)	folheto (m)	[fo'ʎetu]
Informationsblatt (n)	boletim (m)	[bole'tʃĩ]

Firmenschild (n)	letreiro (m)	[le'trejru]
Plakat (n)	pôster (m)	['poster]
Werbeschild (n)	painel (m) publicitário	[paj'nɛw publisi'tarju]

78. Bankgeschäft

Bank (f)	banco (m)	['bãku]
Filiale (f)	balcão (f)	[baw'kãw]

Berater (m)	consultor (m) bancário	[kõsuw'tor bã'karju]
Leiter (m)	gerente (m)	[ʒe'rẽtʃi]

Konto (n)	conta (f)	['kõta]
Kontonummer (f)	número (m) da conta	['numeru da 'kõta]
Kontokorrent (n)	conta (f) corrente	['kõta ko'hẽtʃi]
Sparkonto (n)	conta (f) poupança	['kõta po'pãsa]

ein Konto eröffnen	abrir uma conta	[a'brir 'uma 'kõta]
das Konto schließen	fechar uma conta	[fe'ʃar 'uma 'kõta]
einzahlen (vt)	depositar na conta	[depozi'tar na 'kõta]
abheben (vt)	sacar (vt)	[sa'kar]

Einzahlung (f)	depósito (m)	[de'pozitu]
eine Einzahlung machen	fazer um depósito	[fa'zer ũ de'pozitu]
Überweisung (f)	transferência (f) bancária	[trãsfe'rẽsja bã'karja]

überweisen (vt)	transferir (vt)	[trɐ̃sfe'rir]
Summe (f)	soma (f)	['sɔma]
Wieviel?	Quanto?	['kwɐ̃tu]

Unterschrift (f)	assinatura (f)	[asina'tura]
unterschreiben (vt)	assinar (vt)	[asi'nar]

Kreditkarte (f)	cartão (m) de crédito	[kar'tɐ̃w de 'krɛdʒitu]
Code (m)	senha (f)	['sɛɲa]
Kreditkartennummer (f)	número (m) do cartão de crédito	['numeru du kar'tɐ̃w de 'krɛdʒitu]
Geldautomat (m)	caixa (m) eletrônico	['kaɪʃa ele'troniku]

Scheck (m)	cheque (m)	['ʃɛki]
einen Scheck schreiben	passar um cheque	[pa'sar ũ 'ʃɛki]
Scheckbuch (n)	talão (m) de cheques	[ta'lɐ̃w de 'ʃɛkis]

Darlehen (m)	empréstimo (m)	[ẽ'prɛstʃimu]
ein Darlehen beantragen	pedir um empréstimo	[pe'dʒir ũ ẽ'prɛstʃimu]
ein Darlehen aufnehmen	obter empréstimo	[ob'ter ẽ'prɛstʃimu]
ein Darlehen geben	dar um empréstimo	[dar ũ ẽ'prɛstʃimu]
Sicherheit (f)	garantia (f)	[garɐ̃'tʃia]

79. Telefon. Telefongespräche

Telefon (n)	telefone (m)	[tele'fɔni]
Mobiltelefon (n)	celular (m)	[selu'lar]
Anrufbeantworter (m)	secretária (f) eletrônica	[sekre'tarja ele'tronika]

anrufen (vt)	fazer uma chamada	[fa'zer 'uma ʃa'mada]
Anruf (m)	chamada (f)	[ʃa'mada]

eine Nummer wählen	discar um número	[dʒis'kar ũ 'numeru]
Hallo!	Alô!	[a'lo]
fragen (vt)	perguntar (vt)	[pergũ'tar]
antworten (vi)	responder (vt)	[hespõ'der]

hören (vt)	ouvir (vt)	[o'vir]
gut (~ aussehen)	bem	[bẽj]
schlecht (Adv)	mal	[maw]
Störungen (pl)	ruído (m)	['hwidu]

Hörer (m)	fone (m)	['fɔni]
den Hörer abnehmen	pegar o telefone	[pe'gar u tele'fɔni]
auflegen (den Hörer ~)	desligar (vi)	[dʒizli'gar]

besetzt	ocupado	[oku'padu]
läuten (vi)	tocar (vi)	[to'kar]
Telefonbuch (n)	lista (f) telefônica	['lista tele'fonika]

Orts-	local	[lo'kaw]
Ortsgespräch (n)	chamada (f) local	[ʃa'mada lo'kaw]
Auslands-	internacional	[ĩternasjo'naw]
Auslandsgespräch (n)	chamada (f) internacional	[ʃa'mada ĩternasjo'naw]

| Fern- | de longa distância | ['de 'lõgu dʒis'tãsja] |
| Ferngespräch (n) | chamada (f) de longa distância | [ʃa'mada de 'lõgu dʒis'tãsja] |

80. Mobiltelefon

Mobiltelefon (n)	celular (m)	[selu'lar]
Display (n)	tela (f)	['tɛla]
Knopf (m)	botão (m)	[bo'tãw]
SIM-Karte (f)	cartão SIM (m)	[kar'tãw sim]

Batterie (f)	bateria (f)	[bate'ria]
leer sein (Batterie)	descarregar-se (vr)	[dʒiskahe'garsi]
Ladegerät (n)	carregador (m)	[kahega'dor]

Menü (n)	menu (m)	[me'nu]
Einstellungen (pl)	configurações (f pl)	[kõfigura'sõjs]
Melodie (f)	melodia (f)	[melo'dʒia]
auswählen (vt)	escolher (vt)	[isko'ʎer]

Rechner (m)	calculadora (f)	[kawkula'dora]
Anrufbeantworter (m)	correio (m) de voz	[ko'heju de vɔz]
Wecker (m)	despertador (m)	[dʒisperta'dor]
Kontakte (pl)	contatos (m pl)	[kõ'tatus]

| SMS-Nachricht (f) | mensagem (f) de texto | [mẽ'saʒẽ de 'testu] |
| Teilnehmer (m) | assinante (m) | [asi'nãtʃi] |

81. Bürobedarf

| Kugelschreiber (m) | caneta (f) | [ka'neta] |
| Federhalter (m) | caneta (f) tinteiro | [ka'neta tʃi'tejru] |

Bleistift (m)	lápis (m)	['lapis]
Faserschreiber (m)	marcador (m) de texto	[marka'dor de 'testu]
Filzstift (m)	caneta (f) hidrográfica	[ka'neta idro'grafika]

| Notizblock (m) | bloco (m) de notas | ['blɔku de 'nɔtas] |
| Terminkalender (m) | agenda (f) | [a'ʒẽda] |

Lineal (n)	régua (f)	['hɛgwa]
Rechner (m)	calculadora (f)	[kawkula'dora]
Radiergummi (m)	borracha (f)	[bo'haʃa]

| Reißzwecke (f) | alfinete (m) | [awfi'netʃi] |
| Heftklammer (f) | clipe (m) | ['klipi] |

| Klebstoff (m) | cola (f) | ['kɔla] |
| Hefter (m) | grampeador (m) | [grãpja'dor] |

| Locher (m) | furador (m) de papel | [fura'dor de pa'pɛw] |
| Bleistiftspitzer (m) | apontador (m) | [apõta'dor] |

82. Geschäftsarten

Buchführung (f)	serviços (m pl) de contabilidade	[ser'visus de kõtabili'dadʒi]
Werbung (f)	publicidade (f)	[publisi'dadʒi]
Werbeagentur (f)	agência (f) de publicidade	[a'ʒẽsja de publisi'dadʒi]
Klimaanlagen (pl)	ar (m) condicionado	[ar kõdʒisjo'nadu]
Fluggesellschaft (f)	companhia (f) aérea	[kõpa'ɲia a'erja]

Spirituosen (pl)	bebidas (f pl) alcoólicas	[be'bidas aw'kɔlikas]
Antiquitäten (pl)	comércio (m) de antiguidades	[ko'mɛrsju de ãtʃigwi'dadʒi]
Kunstgalerie (f)	galeria (f) de arte	[gale'ria de 'artʃi]
Rechnungsprüfung (f)	serviços (m pl) de auditoria	[ser'visus de awdʒito'ria]

Bankwesen (n)	negócios (m pl) bancários	[ne'gɔsjus bã'karjus]
Bar (f)	bar (m)	[bar]
Schönheitssalon (m)	salão (m) de beleza	[sa'lãw de be'leza]
Buchhandlung (f)	livraria (f)	[livra'ria]
Bierbrauerei (f)	cervejaria (f)	[serveʒa'ria]
Bürogebäude (n)	centro (m) de escritórios	['sẽtru de iskri'tɔrjus]
Business-Schule (f)	escola (f) de negócios	[is'kɔla de ne'gɔsjus]

Kasino (n)	cassino (m)	[ka'sinu]
Bau (m)	construção (f)	[kõstru'sãw]
Beratung (f)	consultoria (f)	[kõsuwto'ria]

Stomatologie (f)	clínica (f) dentária	['klinika dẽ'tarja]
Design (n)	design (m)	[dʒi'zãjn]
Apotheke (f)	drogaria (f)	[droga'ria]
chemische Reinigung (f)	lavanderia (f)	[lavãde'ria]
Personalagentur (f)	agência (f) de emprego	[a'ʒẽsja de ẽ'pregu]

Finanzdienstleistungen (pl)	serviços (m pl) financeiros	[ser'visus finã'sejrus]
Nahrungsmittel (pl)	alimentos (m pl)	[ali'mẽtus]
Bestattungsinstitut (n)	casa (f) funerária	['kaza fune'raria]
Möbel (n)	mobiliário (m)	[mobi'ljarju]
Kleidung (f)	roupa (f)	['hopa]
Hotel (n)	hotel (m)	[o'tɛw]

Eis (n)	sorvete (m)	[sor'vetʃi]
Industrie (f)	indústria (f)	[ĩ'dustrja]
Versicherung (f)	seguro (m)	[se'guru]
Internet (n)	internet (f)	[ĩter'nɛtʃi]
Investitionen (pl)	investimento (m)	[ĩvestʃi'mẽtu]

Juwelier (m)	joalheiro (m)	[ʒoa'ʎejru]
Juwelierwaren (pl)	joias (f pl)	['ʒɔjas]
Wäscherei (f)	lavanderia (f)	[lavãde'ria]
Rechtsberatung (f)	assessorias (f pl) jurídicas	[aseso'rias ʒu'ridʒikas]
Leichtindustrie (f)	indústria (f) ligeira	[ĩ'dustrja li'ʒejra]

Zeitschrift (f)	revista (f)	[he'vista]
Versandhandel (m)	vendas (f pl) por catálogo	['vẽdas por ka'talogu]
Medizin (f)	medicina (f)	[medʒi'sina]

Kino (Filmtheater)	cinema (m)	[si'nɛma]
Museum (n)	museu (m)	[mu'zew]
Nachrichtenagentur (f)	agência (f) de notícias	[a'ʒẽsja de no'tʃisjas]
Zeitung (f)	jornal (m)	[ʒor'naw]
Nachtklub (m)	boate (f)	['bwatʃi]
Erdöl (n)	petróleo (m)	[pe'trɔlju]
Kurierdienst (m)	serviços (m pl) de remessa	[ser'visus de he'mɛsa]
Pharmaindustrie (f)	indústria (f) farmacêutica	[ĩ'dustrja farma'sewtʃiku]
Druckindustrie (f)	tipografia (f)	[tʃipogra'fia]
Verlag (m)	editora (f)	[edʒi'tora]
Rundfunk (m)	rádio (m)	['hadʒju]
Immobilien (pl)	imobiliário (m)	[imobi'ljarju]
Restaurant (n)	restaurante (m)	[hestaw'rãtʃi]
Sicherheitsagentur (f)	empresa (f) de segurança	[ẽ'preza de segu'rãsa]
Sport (m)	esporte (m)	[is'pɔrtʃi]
Börse (f)	bolsa (f) de valores	['bowsa de va'lores]
Laden (m)	loja (f)	['lɔʒa]
Supermarkt (m)	supermercado (m)	[supermer'kadu]
Schwimmbad (n)	piscina (f)	[pi'sina]
Atelier (n)	alfaiataria (f)	[awfajata'ria]
Fernsehen (n)	televisão (f)	[televi'zãw]
Theater (n)	teatro (m)	['tʃjatru]
Handel (m)	comércio (m)	[ko'mɛrsju]
Transporte (pl)	serviços (m pl) de transporte	[ser'visus de trãs'pɔrtʃi]
Reisen (pl)	viagens (f pl)	['vjaʒẽs]
Tierarzt (m)	veterinário (m)	[veteri'narju]
Warenlager (n)	armazém (m)	[arma'zẽj]
Müllabfuhr (f)	recolha (f) do lixo	[he'koʎa du 'liʃu]

Arbeit. Geschäft. Teil 2

83. Show. Ausstellung

Ausstellung (f)	feira, exposição (f)	['fejra], [ispozi'sãw]
Handelsausstellung (f)	feira (f) comercial	['fejra komer'sjaw]

Teilnahme (f)	participação (f)	[partʃisipa'sãw]
teilnehmen (vi)	participar (vi)	[partʃisi'par]
Teilnehmer (m)	participante (m)	[partʃisi'pãtʃi]

Direktor (m)	diretor (m)	[dʒire'tor]
Messeverwaltung (f)	direção (f)	[dʒire'sãw]
Organisator (m)	organizador (m)	[organiza'dor]
veranstalten (vt)	organizar (vt)	[organi'zar]

Anmeldeformular (n)	ficha (f) de inscrição	['fiʃa de ĩskri'sãw]
ausfüllen (vt)	preencher (vt)	[preë'ʃer]
Details (pl)	detalhes (m pl)	[de'taʎis]
Information (f)	informação (f)	[ĩforma'sãw]

Preis (m)	preço (m)	['presu]
einschließlich	incluindo	[ĩklw'ĩdu]
einschließen (vt)	incluir (vt)	[ĩ'klwir]
zahlen (vt)	pagar (vt)	[pa'gar]
Anmeldegebühr (f)	taxa (f) de inscrição	['taʃa de ĩskri'sãw]

Eingang (m)	entrada (f)	[ë'trada]
Pavillon (m)	pavilhão (m), salão (f)	[pavi'ʎãw], [sa'lãw]
registrieren (vt)	inscrever (vt)	[ĩskre'ver]
Namensschild (n)	crachá (m)	[kra'ʃa]

Stand (m)	stand (m)	[stɛnd]
reservieren (vt)	reservar (vt)	[hezer'var]

Vitrine (f)	vitrine (f)	[vi'trini]
Strahler (m)	lâmpada (f)	['lãpada]
Design (n)	design (m)	[dʒi'zãjn]
stellen (vt)	pôr, colocar (vt)	[por], [kolo'kar]

Distributor (m)	distribuidor (m)	[dʒistribwi'dor]
Lieferant (m)	fornecedor (m)	[fornese'dor]
liefern (vt)	fornecer (vt)	[forne'ser]

Land (n)	país (m)	[pa'jis]
ausländisch	estrangeiro	[istrã'ʒejru]
Produkt (n)	produto (m)	[pru'dutu]

Assoziation (f)	associação (f)	[asosja'sãw]
Konferenzraum (m)	sala (f) de conferência	['sala de kõfe'rẽsja]

| Kongress (m) | congresso (m) | [kõ'grɛsu] |
| Wettbewerb (m) | concurso (m) | [kõ'kursu] |

Besucher (m)	visitante (m)	[vizi'tãtʃi]
besuchen (vt)	visitar (vt)	[vizi'tar]
Auftraggeber (m)	cliente (m)	['kljẽtʃi]

84. Wissenschaft. Forschung. Wissenschaftler

Wissenschaft (f)	ciência (f)	['sjẽsja]
wissenschaftlich	científico	[sjẽ'tʃifiku]
Wissenschaftler (m)	cientista (m)	[sjẽ'tʃista]
Theorie (f)	teoria (f)	[teo'ria]

Axiom (n)	axioma (m)	[a'sjɔma]
Analyse (f)	análise (f)	[a'nalizi]
analysieren (vt)	analisar (vt)	[anali'zar]
Argument (n)	argumento (m)	[argu'mẽtu]
Substanz (f)	substância (f)	[sub'stãsja]

Hypothese (f)	hipótese (f)	[i'pɔtezi]
Dilemma (n)	dilema (m)	[dʒi'lɛma]
Dissertation (f)	tese (f)	['tɛzi]
Dogma (n)	dogma (m)	['dɔgma]

Doktrin (f)	doutrina (f)	[do'trina]
Forschung (f)	pesquisa (f)	[pes'kiza]
forschen (vi)	pesquisar (vt)	[peski'zar]
Kontrolle (f)	testes (m pl)	['tɛstʃis]
Labor (n)	laboratório (m)	[labora'tɔrju]

Methode (f)	método (m)	['mɛtodu]
Molekül (n)	molécula (f)	[mo'lɛkula]
Monitoring (n)	monitoramento (m)	[monitora'mẽtu]
Entdeckung (f)	descoberta (f)	[dʒisko'bɛrta]

Postulat (n)	postulado (m)	[postu'ladu]
Prinzip (n)	princípio (m)	[prĩ'sipju]
Prognose (f)	prognóstico (m)	[prog'nɔstʃiku]
prognostizieren (vt)	prognosticar (vt)	[prognostʃi'kar]

Synthese (f)	síntese (f)	['sĩtezi]
Tendenz (f)	tendência (f)	[tẽ'dẽsja]
Theorem (n)	teorema (m)	[teo'rɛma]

Lehre (Doktrin)	ensinamentos (m pl)	[ẽsina'mẽtus]
Tatsache (f)	fato (m)	['fatu]
Expedition (f)	expedição (f)	[ispedʒi'sãw]
Experiment (n)	experiência (f)	[ispe'rjẽsja]

Akademiemitglied (n)	acadêmico (m)	[aka'demiku]
Bachelor (m)	bacharel (m)	[baʃa'rɛw]
Doktor (m)	doutor (m)	[do'tor]
Dozent (m)	professor (m) associado	[profe'sor aso'sjadu]

| Magister (m) | mestrado (m) | [mes'trado] |
| Professor (m) | professor (m) | [profe'sor] |

Berufe und Tätigkeiten

85. Arbeitsuche. Kündigung

Arbeit (f), Stelle (f)	trabalho (m)	[tra'baʎu]
Belegschaft (f)	equipe (f)	[e'kipi]
Personal (n)	pessoal (m)	[pe'swaw]
Karriere (f)	carreira (f)	[ka'hejra]
Perspektive (f)	perspectivas (f pl)	[perspek'tʃivas]
Können (n)	habilidades (f pl)	[abili'dadʒis]
Auswahl (f)	seleção (f)	[sele'sãw]
Personalagentur (f)	agência (f) de emprego	[a'ʒẽsja de ẽ'pregu]
Lebenslauf (m)	currículo (m)	[ku'hikulu]
Vorstellungsgespräch (n)	entrevista (f) de emprego	[ẽtre'vista de ẽ'pregu]
Vakanz (f)	vaga (f)	['vaga]
Gehalt (n)	salário (m)	[sa'larju]
festes Gehalt (n)	salário (m) fixo	[sa'larju 'fiksu]
Arbeitslohn (m)	pagamento (m)	[paga'mẽtu]
Stellung (f)	cargo (m)	['kargu]
Pflicht (f)	dever (m)	[de'ver]
Aufgabenspektrum (n)	gama (f) de deveres	['gama de de'veris]
beschäftigt	ocupado	[oku'padu]
kündigen (vt)	despedir, demitir (vt)	[dʒispe'dʒir], [demi'tʃir]
Kündigung (f)	demissão (f)	[demi'sãw]
Arbeitslosigkeit (f)	desemprego (m)	[dʒizẽ'pregu]
Arbeitslose (m)	desempregado (m)	[dʒizẽpre'gadu]
Rente (f), Ruhestand (m)	aposentadoria (f)	[apozẽtado'ria]
in Rente gehen	aposentar-se (vr)	[apozẽ'tarsi]

86. Geschäftsleute

Direktor (m)	diretor (m)	[dʒire'tor]
Leiter (m)	gerente (m)	[ʒe'rẽtʃi]
Boss (m)	patrão, chefe (m)	[pa'trãw], ['ʃɛfi]
Vorgesetzte (m)	superior (m)	[supe'rjor]
Vorgesetzten (pl)	superiores (m pl)	[supe'rjores]
Präsident (m)	presidente (m)	[prezi'dẽtʃi]
Vorsitzende (m)	chairman, presidente (m)	['tʃɛamen], [prezi'dẽtʃi]
Stellvertreter (m)	substituto (m)	[substi'tutu]
Helfer (m)	assistente (m)	[asis'tẽtʃi]

Sekretär (m)	secretário (m)	[sekreˈtarju]
Privatsekretär (m)	secretário (m) pessoal	[sekreˈtarju peˈswaw]
Geschäftsmann (m)	homem (m) de negócios	[ˈɔmẽ de neˈgɔsjus]
Unternehmer (m)	empreendedor (m)	[ẽprjẽdeˈdor]
Gründer (m)	fundador (m)	[fũdaˈdor]
gründen (vt)	fundar (vt)	[fũˈdar]
Gründungsmitglied (n)	principiador (m)	[prĩsipjaˈdor]
Partner (m)	parceiro, sócio (m)	[parˈsejru], [ˈsɔsju]
Aktionär (m)	acionista (m)	[asjoˈnista]
Millionär (m)	milionário (m)	[miljoˈnarju]
Milliardär (m)	bilionário (m)	[biljoˈnarju]
Besitzer (m)	proprietário (m)	[proprjeˈtarju]
Landbesitzer (m)	proprietário (m) de terras	[proprjeˈtarju de ˈtɛhas]
Kunde (m)	cliente (m)	[ˈkljẽtʃi]
Stammkunde (m)	cliente (m) habitual	[ˈkljẽtʃi abiˈtwaw]
Käufer (m)	comprador (m)	[kõpraˈdor]
Besucher (m)	visitante (m)	[viziˈtãtʃi]
Fachmann (m)	profissional (m)	[profisjoˈnaw]
Experte (m)	perito (m)	[peˈritu]
Spezialist (m)	especialista (m)	[ispesjaˈlista]
Bankier (m)	banqueiro (m)	[bãˈkejru]
Makler (m)	corretor (m)	[koheˈtor]
Kassierer (m)	caixa (m, f)	[ˈkaɪʃa]
Buchhalter (m)	contador (m)	[kõtaˈdor]
Wächter (m)	guarda (m)	[ˈgwarda]
Investor (m)	investidor (m)	[ĩvestʃiˈdor]
Schuldner (m)	devedor (m)	[deveˈdor]
Gläubiger (m)	credor (m)	[kreˈdor]
Kreditnehmer (m)	mutuário (m)	[muˈtwarju]
Importeur (m)	importador (m)	[ĩportaˈdor]
Exporteur (m)	exportador (m)	[isportaˈdor]
Hersteller (m)	produtor (m)	[produˈtor]
Distributor (m)	distribuidor (m)	[dʒistribwiˈdor]
Vermittler (m)	intermediário (m)	[ĩtermeˈdʒjarju]
Berater (m)	consultor (m)	[kõsuwˈtor]
Vertreter (m)	representante (m) comercial	[heprezẽˈtãtʃi komerˈsjaw]
Agent (m)	agente (m)	[aˈʒẽtʃi]
Versicherungsagent (m)	agente (m) de seguros	[aˈʒẽtʃi de seˈgurus]

87. Dienstleistungsberufe

Koch (m)	cozinheiro (m)	[koziˈɲejru]
Chefkoch (m)	chefe (m) de cozinha	[ˈʃɛfi de koˈziɲa]

Bäcker (m)	padeiro (m)	[pa'dejru]
Barmixer (m)	barman (m)	[bar'mã]
Kellner (m)	garçom (m)	[gar'sõ]
Kellnerin (f)	garçonete (f)	[garso'netʃi]

Rechtsanwalt (m)	advogado (m)	[adʒivo'gadu]
Jurist (m)	jurista (m)	[ʒu'rista]
Notar (m)	notário (m)	[no'tarju]

Elektriker (m)	eletricista (m)	[eletri'sista]
Klempner (m)	encanador (m)	[ẽkana'dor]
Zimmermann (m)	carpinteiro (m)	[karpĩ'tejru]

Masseur (m)	massagista (m)	[masa'ʒista]
Masseurin (f)	massagista (f)	[masa'ʒista]
Arzt (m)	médico (m)	['mɛdʒiku]

Taxifahrer (m)	taxista (m)	[tak'sista]
Fahrer (m)	condutor, motorista (m)	[kõdu'tor], [moto'rista]
Ausfahrer (m)	entregador (m)	[ẽtrega'dor]

Zimmermädchen (n)	camareira (f)	[kama'rejra]
Wächter (m)	guarda (m)	['gwarda]
Flugbegleiterin (f)	aeromoça (f)	[aero'mosa]

Lehrer (m)	professor (m)	[profe'sor]
Bibliothekar (m)	bibliotecário (m)	[bibljote'karju]
Übersetzer (m)	tradutor (m)	[tradu'tor]
Dolmetscher (m)	intérprete (m)	[ĩ'tɛrpretʃi]
Fremdenführer (m)	guia (m)	['gia]

Friseur (m)	cabeleireiro (m)	[kabelej'rejru]
Briefträger (m)	carteiro (m)	[kar'tejru]
Verkäufer (m)	vendedor (m)	[vẽde'dor]

Gärtner (m)	jardineiro (m)	[ʒardʒi'nejru]
Diener (m)	criado (m)	['krjadu]
Magd (f)	criada (f)	['krjada]
Putzfrau (f)	empregada (f) de limpeza	[ẽpre'gada de lĩ'peza]

88. Militärdienst und Ränge

einfacher Soldat (m)	soldado (m) raso	[sow'dadu 'hazu]
Feldwebel (m)	sargento (m)	[sar'ʒẽtu]
Leutnant (m)	tenente (m)	[te'nẽtʃi]
Hauptmann (m)	capitão (m)	[kapi'tãw]

Major (m)	major (m)	[ma'ʒɔr]
Oberst (m)	coronel (m)	[koro'nɛw]
General (m)	general (m)	[ʒene'raw]
Marschall (m)	marechal (m)	[mare'ʃaw]
Admiral (m)	almirante (m)	[awmi'rãtʃi]
Militärperson (f)	militar (m)	[mili'tar]
Soldat (m)	soldado (m)	[sow'dadu]

| Offizier (m) | oficial (m) | [ofi'sjaw] |
| Kommandeur (m) | comandante (m) | [komã'dãtʃi] |

Grenzsoldat (m)	guarda (m) de fronteira	['gwarda de frõ'tejra]
Funker (m)	operador (m) de rádio	[opera'dor de 'hadʒju]
Aufklärer (m)	explorador (m)	[isplora'dor]
Pionier (m)	sapador-mineiro (m)	[sapa'dor-mi'nejru]
Schütze (m)	atirador (m)	[atʃira'dor]
Steuermann (m)	navegador (m)	[navega'dor]

89. Beamte. Priester

| König (m) | rei (m) | [hej] |
| Königin (f) | rainha (f) | [ha'iɲa] |

| Prinz (m) | príncipe (m) | ['prĩsipi] |
| Prinzessin (f) | princesa (f) | [prĩ'seza] |

| Zar (m) | czar (m) | ['kzar] |
| Zarin (f) | czarina (f) | [kza'rina] |

Präsident (m)	presidente (m)	[prezi'dẽtʃi]
Minister (m)	ministro (m)	[mi'nistru]
Ministerpräsident (m)	primeiro-ministro (m)	[pri'mejru mi'nistru]
Senator (m)	senador (m)	[sena'dor]

Diplomat (m)	diplomata (m)	[dʒiplo'mata]
Konsul (m)	cônsul (m)	['kõsuw]
Botschafter (m)	embaixador (m)	[ẽbajʃa'dor]
Ratgeber (m)	conselheiro (m)	[kõse'ʎejru]

Beamte (m)	funcionário (m)	[fũsjo'narju]
Präfekt (m)	prefeito (m)	[pre'fejtu]
Bürgermeister (m)	Presidente (m) da Câmara	[prezi'dẽtʃi da 'kamara]

| Richter (m) | juiz (m) | [ʒwiz] |
| Staatsanwalt (m) | procurador (m) | [prokura'dor] |

Missionar (m)	missionário (m)	[misjo'narju]
Mönch (m)	monge (m)	['mõʒi]
Abt (m)	abade (m)	[a'badʒi]
Rabbiner (m)	rabino (m)	[ha'binu]

Wesir (m)	vizir (m)	[vi'zir]
Schah (n)	xá (m)	[ʃa]
Scheich (m)	xeique (m)	['ʃɛjki]

90. Landwirtschaftliche Berufe

Bienenzüchter (m)	abelheiro (m)	[abi'ʎejru]
Hirt (m)	pastor (m)	[pas'tor]
Agronom (m)	agrônomo (m)	[a'gronomu]

Viehzüchter (m)	criador (m) de gado	[krja'dor de 'gadu]
Tierarzt (m)	veterinário (m)	[veteri'narju]
Farmer (m)	agricultor, fazendeiro (m)	[agrikuw'tor], [fazē'dejru]
Winzer (m)	vinicultor (m)	[vinikuw'tor]
Zoologe (m)	zoólogo (m)	[zo'ɔlogu]
Cowboy (m)	vaqueiro (m)	[va'kejru]

91. Künstler

Schauspieler (m)	ator (m)	[a'tor]
Schauspielerin (f)	atriz (f)	[a'triz]
Sänger (m)	cantor (m)	[kã'tor]
Sängerin (f)	cantora (f)	[kã'tora]
Tänzer (m)	bailarino (m)	[bajla'rinu]
Tänzerin (f)	bailarina (f)	[bajla'rina]
Künstler (m)	artista (m)	[ar'tʃista]
Künstlerin (f)	artista (f)	[ar'tʃista]
Musiker (m)	músico (m)	['muziku]
Pianist (m)	pianista (m)	[pja'nista]
Gitarrist (m)	guitarrista (m)	[gita'hista]
Dirigent (m)	maestro (m)	[ma'ɛstru]
Komponist (m)	compositor (m)	[kõpozi'tor]
Manager (m)	empresário (m)	[ẽpre'zarju]
Regisseur (m)	diretor (m) de cinema	[dʒire'tor de si'nɛma]
Produzent (m)	produtor (m)	[produ'tor]
Drehbuchautor (m)	roteirista (m)	[hotej'rista]
Kritiker (m)	crítico (m)	['kritʃiku]
Schriftsteller (m)	escritor (m)	[iskri'tor]
Dichter (m)	poeta (m)	['pwɛta]
Bildhauer (m)	escultor (m)	[iskuw'tor]
Maler (m)	pintor (m)	[pĩ'tor]
Jongleur (m)	malabarista (m)	[malaba'rista]
Clown (m)	palhaço (m)	[pa'ʎasu]
Akrobat (m)	acrobata (m)	[akro'bata]
Zauberkünstler (m)	ilusionista (m)	[iluzjo'nista]

92. Verschiedene Berufe

Arzt (m)	médico (m)	['mɛdʒiku]
Krankenschwester (f)	enfermeira (f)	[ẽfer'mejra]
Psychiater (m)	psiquiatra (m)	[psi'kjatra]
Zahnarzt (m)	dentista (m)	[dẽ'tʃista]
Chirurg (m)	cirurgião (m)	[sirur'ʒjãw]

Astronaut (m)	astronauta (m)	[astro'nawta]
Astronom (m)	astrônomo (m)	[as'tronomu]
Pilot (m)	piloto (m)	[pi'lotu]
Fahrer (Taxi-)	motorista (m)	[moto'rista]
Lokomotivführer (m)	maquinista (m)	[maki'nista]
Mechaniker (m)	mecânico (m)	[me'kaniku]
Bergarbeiter (m)	mineiro (m)	[mi'nejru]
Arbeiter (m)	operário (m)	[ope'rarju]
Schlosser (m)	serralheiro (m)	[seha'ʎejru]
Tischler (m)	marceneiro (m)	[marse'nejru]
Dreher (m)	torneiro (m)	[tor'nejru]
Bauarbeiter (m)	construtor (m)	[kõstru'tor]
Schweißer (m)	soldador (m)	[sɔwda'dor]
Professor (m)	professor (m)	[profe'sor]
Architekt (m)	arquiteto (m)	[arki'tɛtu]
Historiker (m)	historiador (m)	[istorja'dor]
Wissenschaftler (m)	cientista (m)	[sjë'tʃista]
Physiker (m)	físico (m)	['fiziku]
Chemiker (m)	químico (m)	['kimiku]
Archäologe (m)	arqueólogo (m)	[ar'kjɔlogu]
Geologe (m)	geólogo (m)	[ʒe'ɔlogu]
Forscher (m)	pesquisador (m)	[peskiza'dor]
Kinderfrau (f)	babysitter, babá (f)	[bebi'sitter], [ba'ba]
Lehrer (m)	professor (m)	[profe'sor]
Redakteur (m)	redator (m)	[heda'tor]
Chefredakteur (m)	redator-chefe (m)	[heda'tor 'ʃɛfi]
Korrespondent (m)	correspondente (m)	[kohespõ'dẽtʃi]
Schreibkraft (f)	datilógrafa (f)	[datʃi'lɔgrafa]
Designer (m)	designer (m)	[dʒi'zajner]
Computerspezialist (m)	perito (m) em informática	[pe'ritu ẽ ĩfur'matika]
Programmierer (m)	programador (m)	[programa'dor]
Ingenieur (m)	engenheiro (m)	[ẽʒe'ɲejru]
Seemann (m)	marujo (m)	[ma'ruʒu]
Matrose (m)	marinheiro (m)	[mari'ɲejru]
Retter (m)	socorrista (m)	[soko'hista]
Feuerwehrmann (m)	bombeiro (m)	[bõ'bejru]
Polizist (m)	polícia (m)	[po'lisja]
Nachtwächter (m)	guarda-noturno (m)	['gwarda no'turnu]
Detektiv (m)	detetive (m)	[dete'tʃivi]
Zollbeamter (m)	funcionário (m) da alfândega	[fũsjo'narju da aw'fãdʒiga]
Leibwächter (m)	guarda-costas (m)	['gwarda 'kɔstas]
Gefängniswärter (m)	guarda (m) prisional	['gwarda prizjo'naw]
Inspektor (m)	inspetor (m)	[ĩspe'tor]
Sportler (m)	esportista (m)	[ispor'tʃista]
Trainer (m)	treinador (m)	[trejna'dor]

Fleischer (m)	açougueiro (m)	[aso'gejru]
Schuster (m)	sapateiro (m)	[sapa'tejru]
Geschäftsmann (m)	comerciante (m)	[komer'sjätʃi]
Ladearbeiter (m)	carregador (m)	[kahega'dor]

| Modedesigner (m) | estilista (m) | [istʃi'lista] |
| Modell (n) | modelo (f) | [mo'delu] |

93. Beschäftigung. Sozialstatus

| Schüler (m) | estudante (m) | [istu'dãtʃi] |
| Student (m) | estudante (m) | [istu'dãtʃi] |

Philosoph (m)	filósofo (m)	[fi'lɔzofu]
Ökonom (m)	economista (m)	[ekono'mista]
Erfinder (m)	inventor (m)	[ĩvẽ'tor]

Arbeitslose (m)	desempregado (m)	[dʒizẽpre'gadu]
Rentner (m)	aposentado (m)	[apozẽ'tadu]
Spion (m)	espião (m)	[is'pjãw]

Gefangene (m)	preso, prisioneiro (m)	['prezu], [prizjo'nejru]
Streikender (m)	grevista (m)	[gre'vista]
Bürokrat (m)	burocrata (m)	[buro'krata]
Reisende (m)	viajante (m)	[vja'ʒãtʃi]

Homosexuelle (m)	homossexual (m)	[omosek'swaw]
Hacker (m)	hacker (m)	['haker]
Hippie (m)	hippie (m, f)	['hɪpɪ]

Bandit (m)	bandido (m)	[bã'dʒidu]
Killer (m)	assassino (m)	[asa'sinu]
Drogenabhängiger (m)	drogado (m)	[dro'gadu]
Drogenhändler (m)	traficante (m)	[trafi'kãtʃi]
Prostituierte (f)	prostituta (f)	[prostʃi'tuta]
Zuhälter (m)	cafetão (m)	[kafe'tãw]

Zauberer (m)	bruxo (m)	['bruʃu]
Zauberin (f)	bruxa (f)	['bruʃa]
Seeräuber (m)	pirata (m)	[pi'rata]
Sklave (m)	escravo (m)	[is'kravu]
Samurai (m)	samurai (m)	[samu'raj]
Wilde (m)	selvagem (m)	[sew'vaʒẽ]

Ausbildung

94. Schule

Schule (f)	escola (f)	[is'kɔla]
Schulleiter (m)	diretor (m) de escola	[dʒire'tor de is'kɔla]

Schüler (m)	aluno (m)	[a'lunu]
Schülerin (f)	aluna (f)	[a'luna]
Schuljunge (m)	estudante (m)	[istu'dãtʃi]
Schulmädchen (f)	estudante (f)	[istu'dãtʃi]

lehren (vt)	ensinar (vt)	[ẽsi'nar]
lernen (Englisch ~)	aprender (vt)	[aprẽ'der]
auswendig lernen	decorar (vt)	[deko'rar]

lernen (vi)	estudar (vi)	[istu'dar]
in der Schule sein	estar na escola	[is'tar na is'kɔla]
die Schule besuchen	ir à escola	[ir a is'kɔla]

Alphabet (n)	alfabeto (m)	[awfa'bɛtu]
Fach (n)	disciplina (f)	[dʒisi'plina]

Klassenraum (m)	sala (f) de aula	['sala de 'awla]
Stunde (f)	lição, aula (f)	[li'sãw], ['awla]
Pause (f)	recreio (m)	[he'kreju]
Schulglocke (f)	toque (m)	['tɔki]
Schulbank (f)	classe (f)	['klasi]
Tafel (f)	quadro (m) negro	['kwadru 'negru]

Note (f)	nota (f)	['nɔta]
gute Note (f)	boa nota (f)	['boa 'nɔta]
schlechte Note (f)	nota (f) baixa	['nɔta 'baɪʃa]
eine Note geben	dar uma nota	[dar 'uma 'nɔta]

Fehler (m)	erro (m)	['ehu]
Fehler machen	errar (vi)	[e'har]
korrigieren (vt)	corrigir (vt)	[kohi'ʒir]
Spickzettel (m)	cola (f)	['kɔla]

Hausaufgabe (f)	dever (m) de casa	[de'ver de 'kaza]
Übung (f)	exercício (m)	[ezer'sisju]

anwesend sein	estar presente	[is'tar pre'zẽtʃi]
fehlen (in der Schule ~)	estar ausente	[is'tar aw'zẽtʃi]
versäumen (Schule ~)	faltar às aulas	[faw'tar as 'awlas]

bestrafen (vt)	punir (vt)	[pu'nir]
Strafe (f)	punição (f)	[puni'sãw]
Benehmen (n)	comportamento (m)	[kõporta'mẽtu]

Zeugnis (n)	boletim (m) escolar	[bole'tʃĩ isko'lar]
Bleistift (m)	lápis (m)	['lapis]
Radiergummi (m)	borracha (f)	[bo'haʃa]
Kreide (f)	giz (m)	[ʒiz]
Federkasten (m)	porta-lápis (m)	['pɔrta-'lapis]

Schulranzen (m)	mala, pasta, mochila (f)	['mala], ['pasta], [mo'ʃila]
Kugelschreiber, Stift (m)	caneta (f)	[ka'neta]
Heft (n)	caderno (m)	[ka'dɛrnu]
Lehrbuch (n)	livro (m) didático	['livru dʒi'datʃiku]
Zirkel (m)	compasso (m)	[kõ'pasu]

| zeichnen (vt) | traçar (vt) | [tra'sar] |
| Zeichnung (f) | desenho (m) técnico | [de'zɛɲu 'tɛkniku] |

Gedicht (n)	poesia (f)	[poe'zia]
auswendig (Adv)	de cor	[de kɔr]
auswendig lernen	decorar (vt)	[deko'rar]

Ferien (pl)	férias (f pl)	['fɛrjas]
in den Ferien sein	estar de férias	[is'tar de 'fɛrjas]
Ferien verbringen	passar as férias	[pa'sar as 'fɛrjas]

Test (m), Prüfung (f)	teste (m), prova (f)	['tɛstʃi], ['prɔva]
Aufsatz (m)	redação (f)	[heda'sãw]
Diktat (n)	ditado (m)	[dʒi'tadu]
Prüfung (f)	exame (m), prova (f)	[e'zami], ['prɔva]
Prüfungen ablegen	fazer prova	[fa'zer 'prɔva]
Experiment (n)	experiência (f)	[ispe'rjẽsja]

95. Hochschule. Universität

Akademie (f)	academia (f)	[akade'mia]
Universität (f)	universidade (f)	[universi'dadʒi]
Fakultät (f)	faculdade (f)	[fakuw'dadʒi]

Student (m)	estudante (m)	[istu'dãtʃi]
Studentin (f)	estudante (f)	[istu'dãtʃi]
Lehrer (m)	professor (m)	[profe'sor]

| Hörsaal (m) | auditório (m) | [awdʒi'tɔrju] |
| Hochschulabsolvent (m) | graduado (m) | [gra'dwadu] |

| Diplom (n) | diploma (m) | [dʒip'lɔma] |
| Dissertation (f) | tese (f) | ['tɛzi] |

| Forschung (f) | estudo (m) | [is'tudu] |
| Labor (n) | laboratório (m) | [labora'tɔrju] |

| Vorlesung (f) | palestra (f) | [pa'lɛstra] |
| Kommilitone (m) | colega (m) de curso | [ko'lɛga de 'kursu] |

| Stipendium (n) | bolsa (f) de estudos | ['bowsa de is'tudus] |
| akademischer Grad (m) | grau (m) acadêmico | ['graw aka'demiku] |

96. Naturwissenschaften. Fächer

Mathematik (f)	matemática (f)	[mate'matʃika]
Algebra (f)	álgebra (f)	['awʒebra]
Geometrie (f)	geometria (f)	[ʒeome'tria]

Astronomie (f)	astronomia (f)	[astrono'mia]
Biologie (f)	biologia (f)	[bjolo'ʒia]
Erdkunde (f)	geografia (f)	[ʒeogra'fia]
Geologie (f)	geologia (f)	[ʒeolo'ʒia]
Geschichte (f)	história (f)	[is'tɔrja]

Medizin (f)	medicina (f)	[medʒi'sina]
Pädagogik (f)	pedagogia (f)	[pedago'ʒia]
Recht (n)	direito (m)	[dʒi'rejtu]

Physik (f)	física (f)	['fizika]
Chemie (f)	química (f)	['kimika]
Philosophie (f)	filosofia (f)	[filozo'fia]
Psychologie (f)	psicologia (f)	[psikolo'ʒia]

97. Schrift Rechtschreibung

Grammatik (f)	gramática (f)	[gra'matʃika]
Lexik (f)	vocabulário (m)	[vokabu'larju]
Phonetik (f)	fonética (f)	[fo'nɛtʃika]

Substantiv (n)	substantivo (m)	[substã'tʃivu]
Adjektiv (n)	adjetivo (m)	[adʒe'tʃivu]
Verb (n)	verbo (m)	['vɛrbu]
Adverb (n)	advérbio (m)	[adʒi'vɛrbju]

Pronomen (n)	pronome (m)	[pro'nɔmi]
Interjektion (f)	interjeição (f)	[ĩterʒej'sãw]
Präposition (f)	preposição (f)	[prepozi'sãw]

Wurzel (f)	raiz (f)	[ha'iz]
Endung (f)	terminação (f)	[termina'sãw]
Vorsilbe (f)	prefixo (m)	[pre'fiksu]
Silbe (f)	sílaba (f)	['silaba]
Suffix (n), Nachsilbe (f)	sufixo (m)	[su'fiksu]

Betonung (f)	acento (m)	[a'sẽtu]
Apostroph (m)	apóstrofo (m)	[a'pɔstrofu]

Punkt (m)	ponto (m)	['põtu]
Komma (n)	vírgula (f)	['virgula]
Semikolon (n)	ponto e vírgula (m)	['põtu e 'virgula]
Doppelpunkt (m)	dois pontos (m pl)	['dojs 'põtus]
Auslassungspunkte (pl)	reticências (f pl)	[hetʃi'sẽsjas]

Fragezeichen (n)	ponto (m) de interrogação	['põtu de ĩtehoga'sãw]
Ausrufezeichen (n)	ponto (m) de exclamação	['põtu de isklama'sãw]

T&P Books. Wortschatz Deutsch-Brasilianisch Portugiesisch für das Selbststudium - 5000 Wörter

Anführungszeichen (pl)	aspas (f pl)	['aspas]
in Anführungszeichen	entre aspas	[ẽtri 'aspas]
runde Klammern (pl)	parênteses (m pl)	[pa'rẽtezis]
in Klammern	entre parênteses	[ẽtri pa'rẽtezis]

Bindestrich (m)	hífen (m)	['ifẽ]
Gedankenstrich (m)	travessão (m)	[trave'sãw]
Leerzeichen (n)	espaço (m)	[is'pasu]

| Buchstabe (m) | letra (f) | ['letra] |
| Großbuchstabe (m) | letra (f) maiúscula | ['letra ma'juskula] |

| Vokal (m) | vogal (f) | [vo'gaw] |
| Konsonant (m) | consoante (f) | [kõso'ãtʃi] |

Satz (m)	frase (f)	['frazi]
Subjekt (n)	sujeito (m)	[su'ʒejtu]
Prädikat (n)	predicado (m)	[predʒi'kadu]

Zeile (f)	linha (f)	['liɲa]
in einer neuen Zeile	em uma nova linha	[ẽ 'uma 'nɔva 'liɲa]
Absatz (m)	parágrafo (m)	[pa'ragrafu]

Wort (n)	palavra (f)	[pa'lavra]
Wortverbindung (f)	grupo (m) de palavras	['grupu de pa'lavras]
Redensart (f)	expressão (f)	[ispre'sãw]
Synonym (n)	sinônimo (m)	[si'nonimu]
Antonym (n)	antônimo (m)	[ã'tonimu]

Regel (f)	regra (f)	['hɛgra]
Ausnahme (f)	exceção (f)	[ese'sãw]
richtig (Adj)	correto	[ko'hɛtu]

Konjugation (f)	conjugação (f)	[kõʒuga'sãw]
Deklination (f)	declinação (f)	[deklina'sãw]
Kasus (m)	caso (m)	['kazu]
Frage (f)	pergunta (f)	[per'gũta]
unterstreichen (vt)	sublinhar (vt)	[subli'ɲar]
punktierte Linie (f)	linha (f) pontilhada	['liɲa põtʃi'ʎada]

98. Fremdsprachen

Sprache (f)	língua (f)	['lĩgwa]
Fremd-	estrangeiro	[istrã'ʒejru]
Fremdsprache (f)	língua (f) estrangeira	['lĩgwa istrã'ʒejra]
studieren (z.B. Jura ~)	estudar (vt)	[istu'dar]
lernen (Englisch ~)	aprender (vt)	[aprẽ'der]

lesen (vi, vt)	ler (vt)	[ler]
sprechen (vi, vt)	falar (vi)	[fa'lar]
verstehen (vt)	entender (vt)	[ẽtẽ'der]
schreiben (vi, vt)	escrever (vt)	[iskre'ver]
schnell (Adv)	rapidamente	[hapida'mẽtʃi]
langsam (Adv)	lentamente	[lẽta'mẽtʃi]

fließend (Adv)	fluentemente	[fluẽte'mẽtʃi]
Regeln (pl)	regras (f pl)	['hɛgras]
Grammatik (f)	gramática (f)	[gra'matʃika]
Vokabular (n)	vocabulário (m)	[vokabu'larju]
Phonetik (f)	fonética (f)	[fo'nɛtʃika]

Lehrbuch (n)	livro (m) didático	['livru dʒi'datʃiku]
Wörterbuch (n)	dicionário (m)	[dʒisjo'narju]
Selbstlernbuch (n)	manual (m) autodidático	[ma'nwaw awtɔdʒi'datʃiku]
Sprachführer (m)	guia (m) de conversação	['gia de kõversa'sãw]

Kassette (f)	fita (f) cassete	['fita ka'sɛtʃi]
Videokassette (f)	videoteipe (m)	[vidʒju'tejpi]
CD (f)	CD, disco (m) compacto	['sede], ['dʒisku kõ'paktu]
DVD (f)	DVD (m)	[deve'de]

Alphabet (n)	alfabeto (m)	[awfa'bɛtu]
buchstabieren (vt)	soletrar (vt)	[sole'trar]
Aussprache (f)	pronúncia (f)	[pro'nũsja]

Akzent (m)	sotaque (m)	[so'taki]
mit Akzent	com sotaque	[kõ so'taki]
ohne Akzent	sem sotaque	[sẽ so'taki]

| Wort (n) | palavra (f) | [pa'lavra] |
| Bedeutung (f) | sentido (m) | [sẽ'tʃidu] |

Kurse (pl)	curso (m)	['kursu]
sich einschreiben	inscrever-se (vr)	[ĩskre'verse]
Lehrer (m)	professor (m)	[profe'sor]

Übertragung (f)	tradução (f)	[tradu'sãw]
Übersetzung (f)	tradução (f)	[tradu'sãw]
Übersetzer (m)	tradutor (m)	[tradu'tor]
Dolmetscher (m)	intérprete (m)	[ĩ'tɛrpretʃi]

| Polyglott (m, f) | poliglota (m) | [pɔli'glɔta] |
| Gedächtnis (n) | memória (f) | [me'mɔrja] |

Erholung. Unterhaltung. Reisen

99. Ausflug. Reisen

Tourismus (m)	turismo (m)	[tu'rizmu]
Tourist (m)	turista (m)	[tu'rista]
Reise (f)	viagem (f)	['vjaʒẽ]
Abenteuer (n)	aventura (f)	[avẽ'tura]
Fahrt (f)	viagem (f)	['vjaʒẽ]

Urlaub (m)	férias (f pl)	['fɛrjas]
auf Urlaub sein	estar de férias	[is'tar de 'fɛrjas]
Erholung (f)	descanso (m)	[dʒis'kãsu]

Zug (m)	trem (m)	[trẽj]
mit dem Zug	de trem	[de trẽj]
Flugzeug (n)	avião (m)	[a'vjãw]
mit dem Flugzeug	de avião	[de a'vjãw]
mit dem Auto	de carro	[de 'kaho]
mit dem Schiff	de navio	[de na'viu]

Gepäck (n)	bagagem (f)	[ba'gaʒẽ]
Koffer (m)	mala (f)	['mala]
Gepäckwagen (m)	carrinho (m)	[ka'hiɲu]

Pass (m)	passaporte (m)	[pasa'pɔrtʃi]
Visum (n)	visto (m)	['vistu]
Fahrkarte (f)	passagem (f)	[pa'saʒẽ]
Flugticket (n)	passagem (f) aérea	[pa'saʒẽ a'erja]

Reiseführer (m)	guia (m) de viagem	['gia de vi'aʒẽ]
Landkarte (f)	mapa (m)	['mapa]
Gegend (f)	área (f)	['arja]
Ort (wunderbarer ~)	lugar (m)	[lu'gar]

Exotika (pl)	exotismo (m)	[ezo'tʃizmu]
exotisch	exótico	[e'zɔtʃiku]
erstaunlich (Adj)	surpreendente	[surprjẽ'dẽtʃi]

Gruppe (f)	grupo (m)	['grupu]
Ausflug (m)	excursão (f)	[iskur'sãw]
Reiseleiter (m)	guia (m)	['gia]

100. Hotel

Hotel (n)	hotel (m)	[o'tɛw]
Motel (n)	motel (m)	[mo'tɛw]
drei Sterne	três estrelas	['tres is'trelas]

fünf Sterne	cinco estrelas	['sĩku is'trelas]
absteigen (vi)	ficar (vi, vt)	[fi'kar]
Hotelzimmer (n)	quarto (m)	['kwartu]
Einzelzimmer (n)	quarto (m) individual	['kwartu ĩdʒivi'dwaw]
Zweibettzimmer (n)	quarto (m) duplo	['kwartu 'duplu]
reservieren (vt)	reservar um quarto	[hezer'var ũ 'kwartu]
Halbpension (f)	meia pensão (f)	['meja pẽ'sãw]
Vollpension (f)	pensão (f) completa	[pẽ'sãw kõ'plɛta]
mit Bad	com banheira	[kõ ba'ɲejra]
mit Dusche	com chuveiro	[kõ ʃu'vejru]
Satellitenfernsehen (n)	televisão (m) por satélite	[televi'zãw por sa'tɛlitʃi]
Klimaanlage (f)	ar (m) condicionado	[ar kõdʒisjo'nadu]
Handtuch (n)	toalha (f)	[to'aʎa]
Schlüssel (m)	chave (f)	['ʃavi]
Verwalter (m)	administrador (m)	[adʒiministra'dor]
Zimmermädchen (n)	camareira (f)	[kama'rejra]
Träger (m)	bagageiro (m)	[baga'ʒejru]
Portier (m)	porteiro (m)	[por'tejru]
Restaurant (n)	restaurante (m)	[hestaw'rãtʃi]
Bar (f)	bar (m)	[bar]
Frühstück (n)	café (m) da manhã	[ka'fɛ da ma'ɲã]
Abendessen (n)	jantar (m)	[ʒã'tar]
Buffet (n)	bufê (m)	[bu'fe]
Foyer (n)	saguão (m)	[sa'gwãw]
Aufzug (m), Fahrstuhl (m)	elevador (m)	[eleva'dor]
BITTE NICHT STÖREN!	NÃO PERTURBE	['nãw per'turbi]
RAUCHEN VERBOTEN!	PROIBIDO FUMAR!	[proi'bidu fu'mar]

TECHNISCHES ZUBEHÖR. TRANSPORT

Technisches Zubehör

101. Computer

Computer (m)	computador (m)	[kõputa'dor]
Laptop (m), Notebook (n)	computador (m) portátil	[kõputa'dɔr por'tatʃiw]
einschalten (vt)	ligar (vt)	[li'gar]
abstellen (vt)	desligar (vt)	[dʒizli'gar]
Tastatur (f)	teclado (m)	[tɛk'ladu]
Taste (f)	tecla (f)	['tɛkla]
Maus (f)	mouse (m)	['mawz]
Mousepad (n)	tapete (m) para mouse	[ta'petʃi 'para 'mawz]
Knopf (m)	botão (m)	[bo'tãw]
Cursor (m)	cursor (m)	[kur'sor]
Monitor (m)	monitor (m)	[moni'tor]
Schirm (m)	tela (f)	['tɛla]
Festplatte (f)	disco (m) rígido	['dʒisku 'hiʒidu]
Festplattengröße (f)	capacidade (f) do disco rígido	[kapasi'dadʒi du 'dʒisku 'hiʒidu]
Speicher (m)	memória (f)	[me'mɔrja]
Arbeitsspeicher (m)	memória RAM (f)	[me'mɔrja ram]
Datei (f)	arquivo (m)	[ar'kivu]
Ordner (m)	pasta (f)	['pasta]
öffnen (vt)	abrir (vt)	[a'brir]
schließen (vt)	fechar (vt)	[fe'ʃar]
speichern (vt)	salvar (vt)	[saw'var]
löschen (vt)	deletar (vt)	[dele'tar]
kopieren (vt)	copiar (vt)	[ko'pjar]
sortieren (vt)	ordenar (vt)	[orde'nar]
transferieren (vt)	copiar (vt)	[ko'pjar]
Programm (n)	programa (m)	[pro'grama]
Software (f)	software (m)	[sof'twer]
Programmierer (m)	programador (m)	[programa'dor]
programmieren (vt)	programar (vt)	[progra'mar]
Hacker (m)	hacker (m)	['haker]
Kennwort (n)	senha (f)	['sɛɲa]
Virus (m, n)	vírus (m)	['virus]
entdecken (vt)	detectar (vt)	[detek'tar]

| Byte (n) | byte (m) | ['bajtʃi] |
| Megabyte (n) | megabyte (m) | [mega'bajtʃi] |

| Daten (pl) | dados (m pl) | ['dadus] |
| Datenbank (f) | base (f) de dados | ['bazi de 'dadus] |

Kabel (n)	cabo (m)	['kabu]
trennen (vt)	desconectar (vt)	[dezkonek'tar]
anschließen (vt)	conectar (vt)	[konek'tar]

102. Internet. E-Mail

Internet (n)	internet (f)	[ĩter'nɛtʃi]
Browser (m)	browser (m)	['brawzer]
Suchmaschine (f)	motor (m) de busca	[mo'tor de 'buska]
Provider (m)	provedor (m)	[prove'dor]

Webmaster (m)	webmaster (m)	[web'master]
Website (f)	website (m)	[websajt]
Webseite (f)	página web (f)	['paʒina webi]

| Adresse (f) | endereço (m) | [ẽde'resu] |
| Adressbuch (n) | livro (m) de endereços | ['livru de ẽde'resus] |

Mailbox (f)	caixa (f) de correio	['kaɪʃa de ko'heju]
Post (f)	correio (m)	[ko'heju]
überfüllt (-er Briefkasten)	cheia	['ʃeja]

Mitteilung (f)	mensagem (f)	[mẽ'saʒẽ]
eingehenden Nachrichten	mensagens (f pl) recebidas	[mẽ'saʒẽs hese'bidas]
ausgehenden Nachrichten	mensagens (f pl) enviadas	[mẽ'saʒẽs ẽ'vjadas]
Absender (m)	remetente (m)	[heme'tẽtʃi]
senden (vt)	enviar (vt)	[ẽ'vjar]
Absendung (f)	envio (m)	[ẽ'viu]

| Empfänger (m) | destinatário (m) | [destʃina'tarju] |
| empfangen (vt) | receber (vt) | [hese'ber] |

| Briefwechsel (m) | correspondência (f) | [kohespõ'dẽsja] |
| im Briefwechsel stehen | corresponder-se (vr) | [kohespõ'dersi] |

Datei (f)	arquivo (m)	[ar'kivu]
herunterladen (vt)	fazer o download, baixar (vt)	[fa'zer u dawn'load], [baj'ʃar]
schaffen (vt)	criar (vt)	[krjar]
löschen (vt)	deletar (vt)	[dele'tar]
gelöscht (Datei)	deletado	[dele'tadu]

Verbindung (f)	conexão (f)	[konek'sãw]
Geschwindigkeit (f)	velocidade (f)	[velosi'dadʒi]
Modem (n)	modem (m)	['modẽ]
Zugang (m)	acesso (m)	[a'sɛsu]
Port (m)	porta (f)	['pɔrta]
Anschluss (m)	conexão (f)	[konek'sãw]
sich anschließen	conectar (vi)	[konek'tar]

| auswählen (vt) | escolher (vt) | [iskoˈʎer] |
| suchen (vt) | buscar (vt) | [busˈkar] |

103. Elektrizität

Elektrizität (f)	eletricidade (f)	[eletrisiˈdadʒi]
elektrisch	elétrico	[eˈlɛtriku]
Elektrizitätswerk (n)	planta (f) elétrica	[ˈplãta eˈlɛtrika]
Energie (f)	energia (f)	[enerˈʒia]
Strom (m)	energia (f) elétrica	[enerˈʒia eˈlɛtrika]

Glühbirne (f)	lâmpada (f)	[ˈlãpada]
Taschenlampe (f)	lanterna (f)	[lãˈtɛrna]
Straßenlaterne (f)	poste (m) de iluminação	[ˈpostʃi de iluminaˈsãw]

Licht (n)	luz (f)	[luz]
einschalten (vt)	ligar (vt)	[liˈgar]
ausschalten (vt)	desligar (vt)	[dʒizliˈgar]
das Licht ausschalten	apagar a luz	[apaˈgar a luz]

durchbrennen (vi)	queimar (vi)	[kejˈmar]
Kurzschluss (m)	curto-circuito (m)	[ˈkurtu sirˈkwitu]
Riß (m)	ruptura (f)	[hupˈtura]
Kontakt (m)	contato (m)	[kõˈtatu]

Schalter (m)	interruptor (m)	[ĩtehupˈtor]
Steckdose (f)	tomada (f)	[toˈmada]
Stecker (m)	plugue (m)	[ˈplugi]
Verlängerung (f)	extensão (f)	[istẽˈsãw]

Sicherung (f)	fusível (m)	[fuˈzivew]
Leitungsdraht (m)	fio, cabo (m)	[ˈfiu], [ˈkabu]
Verdrahtung (f)	instalação (f) elétrica	[ĩstalaˈsãw eˈlɛtrika]

Ampere (n)	ampère (m)	[ãˈpɛri]
Stromstärke (f)	amperagem (f)	[ãpeˈraʒẽ]
Volt (n)	volt (m)	[ˈvɔwtʃi]
Voltspannung (f)	voltagem (f)	[vowˈtaʒẽ]

| Elektrogerät (n) | aparelho (m) elétrico | [apaˈreʎu eˈlɛtriku] |
| Indikator (m) | indicador (m) | [ĩdʒikaˈdor] |

Elektriker (m)	eletricista (m)	[eletriˈsista]
löten (vt)	soldar (vt)	[sowˈdar]
Lötkolben (m)	soldador (m)	[sɔwdaˈdor]
Strom (m)	corrente (f) elétrica	[koˈhẽtʃi eˈlɛtrika]

104. Werkzeug

Werkzeug (n)	ferramenta (f)	[fehaˈmẽta]
Werkzeuge (pl)	ferramentas (f pl)	[fehaˈmẽtas]
Ausrüstung (f)	equipamento (m)	[ekipaˈmẽtu]

Hammer (m)	martelo (m)	[mar'tɛlu]
Schraubenzieher (m)	chave (f) de fenda	['ʃavi de 'fẽda]
Axt (f)	machado (m)	[ma'ʃadu]
Säge (f)	serra (f)	['sɛha]
sägen (vt)	serrar (vt)	[se'har]
Hobel (m)	plaina (f)	['plajna]
hobeln (vt)	aplainar (vt)	[aplaj'nar]
Lötkolben (m)	soldador (m)	[sɔwda'dor]
löten (vt)	soldar (vt)	[sow'dar]
Feile (f)	lima (f)	['lima]
Kneifzange (f)	tenaz (f)	[te'najz]
Flachzange (f)	alicate (m)	[ali'katʃi]
Stemmeisen (n)	formão (m)	[for'mãw]
Bohrer (m)	broca (f)	['brɔka]
Bohrmaschine (f)	furadeira (f) elétrica	[fura'dejra e'lɛtrika]
bohren (vt)	furar (vt)	[fu'rar]
Messer (n)	faca (f)	['faka]
Klinge (f)	lâmina (f)	['lamina]
scharf (-e Messer usw.)	afiado	[a'fjadu]
stumpf	cego	['sɛgu]
stumpf werden (vi)	embotar-se (vr)	[ẽbo'tarsi]
schärfen (vt)	afiar, amolar (vt)	[a'fjar], [amo'lar]
Bolzen (m)	parafuso (m)	[para'fuzu]
Mutter (f)	porca (f)	['pɔrka]
Gewinde (n)	rosca (f)	['hoska]
Holzschraube (f)	parafuso (m)	[para'fuzu]
Nagel (m)	prego (m)	['prɛgu]
Nagelkopf (m)	cabeça (f) do prego	[ka'besa du 'prɛgu]
Lineal (n)	régua (f)	['hɛgwa]
Metermaß (n)	fita (f) métrica	['fita 'mɛtrika]
Wasserwaage (f)	nível (m)	['nivew]
Lupe (f)	lupa (f)	['lupa]
Messinstrument (n)	medidor (m)	[medʒi'dor]
messen (vt)	medir (vt)	[me'dʒir]
Skala (f)	escala (f)	[is'kala]
Ablesung (f)	indicação (f), registro (m)	[indʒika'sãw], [he'ʒistru]
Kompressor (m)	compressor (m)	[kõpre'sor]
Mikroskop (n)	microscópio (m)	[mikro'skɔpju]
Pumpe (f)	bomba (f)	['bõba]
Roboter (m)	robô (m)	[ho'bo]
Laser (m)	laser (m)	['lɛjzer]
Schraubenschlüssel (m)	chave (f) de boca	['ʃavi de 'boka]
Klebeband (n)	fita (f) adesiva	['fita ade'ziva]
Klebstoff (m)	cola (f)	['kɔla]

Sandpapier (n)	lixa (f)	['liʃa]
Sprungfeder (f)	mola (f)	['mɔla]
Magnet (m)	ímã (m)	['imã]
Handschuhe (pl)	luva (f)	['luva]
Leine (f)	corda (f)	['kɔrda]
Schnur (f)	corda (f)	['kɔrda]
Draht (m)	fio (m)	['fiu]
Kabel (n)	cabo (m)	['kabu]
schwerer Hammer (m)	marreta (f)	[ma'hɛta]
Brecheisen (n)	pé de cabra (m)	[pɛ de 'kabra]
Leiter (f)	escada (f) de mão	[is'kada de 'mãw]
Trittleiter (f)	escada (m)	[is'kada]
zudrehen (vt)	enroscar (vt)	[ẽhos'kar]
abdrehen (vt)	desenroscar (vt)	[dezẽhos'kar]
zusammendrücken (vt)	apertar (vt)	[aper'tar]
ankleben (vt)	colar (vt)	[ko'lar]
schneiden (vt)	cortar (vt)	[kor'tar]
Störung (f)	falha (f)	['faʎa]
Reparatur (f)	conserto (m)	[kõ'sɛrtu]
reparieren (vt)	consertar, reparar (vt)	[kõser'tar], [hepa'rar]
einstellen (vt)	regular, ajustar (vt)	[hegu'lar], [aʒus'tar]
prüfen (vt)	verificar (vt)	[verifi'kar]
Prüfung (f)	verificação (f)	[verifika'sãw]
Ablesung (f)	indicação (f), registro (m)	[indʒika'sãw], [he'ʒistru]
sicher (zuverlässigen)	seguro	[se'guru]
kompliziert (Adj)	complicado	[kõpli'kadu]
verrosten (vi)	enferrujar (vi)	[ẽfehu'ʒar]
rostig	enferrujado	[ẽfehu'ʒadu]
Rost (m)	ferrugem (f)	[fe'huʒẽ]

Transport

105. Flugzeug

Flugzeug (n)	avião (m)	[a'vjãw]
Flugticket (n)	passagem (f) aérea	[pa'saʒẽ a'erja]
Fluggesellschaft (f)	companhia (f) aérea	[kõpa'ɲia a'erja]
Flughafen (m)	aeroporto (m)	[aero'portu]
Überschall-	supersônico	[super'soniku]
Flugkapitän (m)	comandante (m) do avião	[komã'dãtʃi du a'vjãw]
Besatzung (f)	tripulação (f)	[tripula'sãw]
Pilot (m)	piloto (m)	[pi'lotu]
Flugbegleiterin (f)	aeromoça (f)	[aero'mosa]
Steuermann (m)	copiloto (m)	[kopi'lotu]
Flügel (pl)	asas (f pl)	['azas]
Schwanz (m)	cauda (f)	['kawda]
Kabine (f)	cabine (f)	[ka'bini]
Motor (m)	motor (m)	[mo'tor]
Fahrgestell (n)	trem (m) de pouso	[trẽj de 'pozu]
Turbine (f)	turbina (f)	[tur'bina]
Propeller (m)	hélice (f)	['ɛlisi]
Flugschreiber (m)	caixa-preta (f)	['kaɪʃa 'preta]
Steuerrad (n)	coluna (f) de controle	[ko'luna de kõ'troli]
Treibstoff (m)	combustível (m)	[kõbus'tʃivew]
Sicherheitskarte (f)	instruções (f pl) de segurança	[ĩstru'sõjs de segu'rãsa]
Sauerstoffmaske (f)	máscara (f) de oxigênio	['maskara de oksi'ʒenju]
Uniform (f)	uniforme (m)	[uni'fɔrmi]
Rettungsweste (f)	colete (m) salva-vidas	[ko'letʃi 'sawva 'vidas]
Fallschirm (m)	paraquedas (m)	[para'kɛdas]
Abflug, Start (m)	decolagem (f)	[deko'laʒẽ]
starten (vi)	descolar (vi)	[dʒisko'lar]
Startbahn (f)	pista (f) de decolagem	['pista de deko'laʒẽ]
Sicht (f)	visibilidade (f)	[vizibili'dadʒi]
Flug (m)	voo (m)	['vou]
Höhe (f)	altura (f)	[aw'tura]
Luftloch (n)	poço (m) de ar	['posu de 'ar]
Platz (m)	assento (m)	[a'sẽtu]
Kopfhörer (m)	fone (m) de ouvido	['fɔni de o'vidu]
Klapptisch (m)	mesa (f) retrátil	['meza he'tratʃiw]
Bullauge (n)	janela (f)	[ʒa'nɛla]
Durchgang (m)	corredor (m)	[kohe'dor]

106. Zug

Zug (m)	trem (m)	[trẽj]
elektrischer Zug (m)	trem (m) elétrico	[trẽj e'lɛtriku]
Schnellzug (m)	trem (m)	[trẽj]
Diesellok (f)	locomotiva (f) diesel	[lokomo'tʃiva 'dʒizew]
Dampflok (f)	locomotiva (f) a vapor	[lokomo'tʃiva a va'por]
Personenwagen (m)	vagão (f) de passageiros	[va'gãw de pasa'ʒejrus]
Speisewagen (m)	vagão-restaurante (m)	[va'gãw-hestaw'rãtʃi]
Schienen (pl)	carris (m pl)	[ka'his]
Eisenbahn (f)	estrada (f) de ferro	[is'trada de 'fɛhu]
Bahnschwelle (f)	travessa (f)	[tra'vɛsa]
Bahnsteig (m)	plataforma (f)	[plata'fɔrma]
Gleis (n)	linha (f)	['liɲa]
Eisenbahnsignal (n)	semáforo (m)	[se'maforu]
Station (f)	estação (f)	[ista'sãw]
Lokomotivführer (m)	maquinista (m)	[maki'nista]
Träger (m)	bagageiro (m)	[baga'ʒejru]
Schaffner (m)	hospedeiro, -a (m, f)	[ospe'dejru, -a]
Fahrgast (m)	passageiro (m)	[pasa'ʒejru]
Fahrkartenkontrolleur (m)	revisor (m)	[hevi'zor]
Flur (m)	corredor (m)	[kohe'dor]
Notbremse (f)	freio (m) de emergência	['freju de imer'ʒẽsja]
Abteil (n)	compartimento (m)	[kõpartʃi'mẽtu]
Liegeplatz (m), Schlafkoje (f)	cama (f)	['kama]
oberer Liegeplatz (m)	cama (f) de cima	['kama de 'sima]
unterer Liegeplatz (m)	cama (f) de baixo	['kama de 'baɪʃu]
Bettwäsche (f)	roupa (f) de cama	['hopa de 'kama]
Fahrkarte (f)	passagem (f)	[pa'saʒẽ]
Fahrplan (m)	horário (m)	[o'rarju]
Anzeigetafel (f)	painel (m) de informação	[paj'nɛw de ĩforma'sãw]
abfahren (der Zug)	partir (vt)	[par'tʃir]
Abfahrt (f)	partida (f)	[par'tʃida]
ankommen (der Zug)	chegar (vi)	[ʃe'gar]
Ankunft (f)	chegada (f)	[ʃe'gada]
mit dem Zug kommen	chegar de trem	[ʃe'gar de trẽj]
in den Zug einsteigen	pegar o trem	[pe'gar u trẽj]
aus dem Zug aussteigen	descer de trem	[de'ser de trẽj]
Zugunglück (n)	acidente (m) ferroviário	[asi'dẽtʃi feho'vjarju]
entgleisen (vi)	descarrilar (vi)	[dʒiskahi'ʎar]
Dampflok (f)	locomotiva (f) a vapor	[lokomo'tʃiva a va'por]
Heizer (m)	foguista (m)	[fo'gista]
Feuerbüchse (f)	fornalha (f)	[for'naʎa]
Kohle (f)	carvão (m)	[kar'vãw]

107. Schiff

| Schiff (n) | navio (m) | [na'viu] |
| Fahrzeug (n) | embarcação (f) | [ẽbarka'sãw] |

Dampfer (m)	barco (m) a vapor	['barku a va'por]
Motorschiff (n)	barco (m) fluvial	['barku flu'vjaw]
Kreuzfahrtschiff (n)	transatlântico (m)	[trãzat'lãtʃiku]
Kreuzer (m)	cruzeiro (m)	[kru'zejru]

Jacht (f)	iate (m)	['jatʃi]
Schlepper (m)	rebocador (m)	[heboka'dor]
Lastkahn (m)	barcaça (f)	[bar'kasa]
Fähre (f)	ferry (m), balsa (f)	['fɛʀi], ['balsa]

| Segelschiff (n) | veleiro (m) | [ve'lejru] |
| Brigantine (f) | bergantim (m) | [behgã'tʃi] |

| Eisbrecher (m) | quebra-gelo (m) | ['kɛbra 'ʒelu] |
| U-Boot (n) | submarino (m) | [subma'rinu] |

Boot (n)	bote, barco (m)	['bɔtʃi], ['barku]
Dingi (n), Beiboot (n)	baleeira (f)	[bale'ejra]
Rettungsboot (n)	bote (m) salva-vidas	['bɔtʃi 'sawva 'vidas]
Motorboot (n)	lancha (f)	['lãʃa]

Kapitän (m)	capitão (m)	[kapi'tãw]
Matrose (m)	marinheiro (m)	[mari'ɲejru]
Seemann (m)	marujo (m)	[ma'ruʒu]
Besatzung (f)	tripulação (f)	[tripula'sãw]

Bootsmann (m)	contramestre (m)	[kõtra'mɛstri]
Schiffsjunge (m)	grumete (m)	[gru'mɛtʃi]
Schiffskoch (m)	cozinheiro (m) de bordo	[kozi'ɲejru de 'bɔrdu]
Schiffsarzt (m)	médico (m) de bordo	['mɛdʒiku de 'bɔrdu]

Deck (n)	convés (m)	[kõ'vɛs]
Mast (m)	mastro (m)	['mastru]
Segel (n)	vela (f)	['vɛla]

Schiffsraum (m)	porão (m)	[po'rãw]
Bug (m)	proa (f)	['proa]
Heck (n)	popa (f)	['popa]
Ruder (n)	remo (m)	['hɛmu]
Schraube (f)	hélice (f)	['ɛlisi]

Kajüte (f)	cabine (m)	[ka'bini]
Messe (f)	sala (f) dos oficiais	['sala dus ofi'sjajs]
Maschinenraum (m)	sala (f) das máquinas	['sala das 'makinas]
Kommandobrücke (f)	ponte (m) de comando	['põtʃi de ko'mãdu]
Funkraum (m)	sala (f) de comunicações	['sala de komunika'sõjs]
Radiowelle (f)	onda (f)	['õda]
Schiffstagebuch (n)	diário (m) de bordo	['dʒjarju de 'bɔrdu]
Fernrohr (n)	luneta (f)	[lu'neta]
Glocke (f)	sino (m)	['sinu]

Fahne (f)	bandeira (f)	[bã'dejra]
Seil (n)	cabo (m)	['kabu]
Knoten (m)	nó (m)	[nɔ]

| Geländer (n) | corrimão (m) | [kohi'mãw] |
| Treppe (f) | prancha (f) de embarque | ['prãʃa de ẽ'barki] |

Anker (m)	âncora (f)	['ãkora]
den Anker lichten	recolher a âncora	[heko'ʎer a 'ãkora]
Anker werfen	jogar a âncora	[ʒo'gar a 'ãkora]
Ankerkette (f)	amarra (f)	[a'maha]

Hafen (m)	porto (m)	['portu]
Anlegestelle (f)	cais, amarradouro (m)	[kajs], [amaha'doru]
anlegen (vi)	atracar (vi)	[atra'kar]
abstoßen (vt)	desatracar (vi)	[dʒizatra'kar]

Reise (f)	viagem (f)	['vjaʒẽ]
Kreuzfahrt (f)	cruzeiro (m)	[kru'zejru]
Kurs (m), Richtung (f)	rumo (m)	['humu]
Reiseroute (f)	itinerário (m)	[itʃine'rarju]

Fahrwasser (n)	canal (m) de navegação	[ka'naw de navega'sãw]
Untiefe (f)	banco (m) de areia	['bãku de a'reja]
stranden (vi)	encalhar (vt)	[ẽka'ʎar]

Sturm (m)	tempestade (f)	[tẽpes'tadʒi]
Signal (n)	sinal (m)	[si'naw]
untergehen (vi)	afundar-se (vr)	[afũ'darse]
Mann über Bord!	Homem ao mar!	['ɔmẽ aw mah]
SOS	SOS	[ɛseo'ɛsi]
Rettungsring (m)	boia (f) salva-vidas	['boja 'sawva 'vidas]

108. Flughafen

Flughafen (m)	aeroporto (m)	[aero'portu]
Flugzeug (n)	avião (m)	[a'vjãw]
Fluggesellschaft (f)	companhia (f) aérea	[kõpa'ɲia a'erja]
Fluglotse (m)	controlador (m) de tráfego aéreo	[kõtrola'dor de 'trafegu a'erju]

Abflug (m)	partida (f)	[par'tʃida]
Ankunft (f)	chegada (f)	[ʃe'gada]
anfliegen (vi)	chegar (vi)	[ʃe'gar]

| Abflugzeit (f) | hora (f) de partida | ['ɔra de par'tʃida] |
| Ankunftszeit (f) | hora (f) de chegada | ['ɔra de ʃe'gada] |

| sich verspäten | estar atrasado | [is'tar atra'zadu] |
| Abflugverspätung (f) | atraso (m) de voo | [a'trazu de 'vou] |

Anzeigetafel (f)	painel (m) de informação	[paj'nɛw de ĩforma'sãw]
Information (f)	informação (f)	[ĩforma'sãw]
ankündigen (vt)	anunciar (vt)	[anũ'sjar]

Flug (m)	voo (m)	['vou]
Zollamt (n)	alfândega (f)	[aw'fãdʒiga]
Zollbeamter (m)	funcionário (m) da alfândega	[fũsjo'narju da aw'fãdʒiga]
Zolldeklaration (f)	declaração (f) alfandegária	[deklara'sãw awfãde'garja]
ausfüllen (vt)	preencher (vt)	[preē'ʃer]
die Zollerklärung ausfüllen	preencher a declaração	[preē'ʃer a deklara'sãw]
Passkontrolle (f)	controle (m) de passaporte	[kõ'troli de pasa'pɔrtʃi]
Gepäck (n)	bagagem (f)	[ba'gaʒē]
Handgepäck (n)	bagagem (f) de mão	[ba'gaʒē de 'mãw]
Kofferkuli (m)	carrinho (m)	[ka'hiɲu]
Landung (f)	pouso (m)	['pozu]
Landebahn (f)	pista (f) de pouso	['pista de 'pozu]
landen (vi)	aterrissar (vi)	[atehi'sar]
Fluggasttreppe (f)	escada (f) de avião	[is'kada de a'vjãw]
Check-in (n)	check-in (m)	[ʃɛ'kin]
Check-in-Schalter (m)	balcão (m) do check-in	[baw'kãw du ʃɛ'kin]
sich registrieren lassen	fazer o check-in	[fa'zer u ʃɛ'kin]
Bordkarte (f)	cartão (m) de embarque	[kar'tãw de ē'barki]
Abfluggate (n)	portão (m) de embarque	[por'tãw de ē'barki]
Transit (m)	trânsito (m)	['trãzitu]
warten (vi)	esperar (vt)	[ispe'rar]
Wartesaal (m)	sala (f) de espera	['sala de is'pɛra]
begleiten (vt)	despedir-se de ...	[dʒispe'dʒirsi de]
sich verabschieden	despedir-se (vr)	[dʒispe'dʒirsi]

Lebensereignisse

109. Feiertage. Ereignis

Fest (n)	festa (f)	['fɛsta]
Nationalfeiertag (m)	feriado (m) nacional	[fe'rjadu nasjo'naw]
Feiertag (m)	feriado (m)	[fe'rjadu]
feiern (vt)	festejar (vt)	[feste'ʒar]
Ereignis (n)	evento (m)	[e'vẽtu]
Veranstaltung (f)	evento (m)	[e'vẽtu]
Bankett (n)	banquete (m)	[bã'ketʃi]
Empfang (m)	recepção (f)	[hesep'sãw]
Festmahl (n)	festim (m)	[fes'tʃi]
Jahrestag (m)	aniversário (m)	[aniver'sarju]
Jubiläumsfeier (f)	jubileu (m)	[ʒubi'lew]
begehen (vt)	celebrar (vt)	[sele'brar]
Neujahr (n)	Ano (m) Novo	['anu 'novu]
Frohes Neues Jahr!	Feliz Ano Novo!	[fe'liz 'anu 'novu]
Weihnachtsmann (m)	Papai Noel (m)	[pa'paj nɔ'ɛl]
Weihnachten (n)	Natal (m)	[na'taw]
Frohe Weihnachten!	Feliz Natal!	[fe'liz na'taw]
Tannenbaum (m)	árvore (f) de Natal	['arvori de na'taw]
Feuerwerk (n)	fogos (m pl) de artifício	['fogus de artʃi'fisju]
Hochzeit (f)	casamento (m)	[kaza'mẽtu]
Bräutigam (m)	noivo (m)	['nojvu]
Braut (f)	noiva (f)	['nojva]
einladen (vt)	convidar (vt)	[kõvi'dar]
Einladung (f)	convite (m)	[kõ'vitʃi]
Gast (m)	convidado (m)	[kõvi'dadu]
besuchen (vt)	visitar (vt)	[vizi'tar]
Gäste empfangen	receber os convidados	[hese'ber us kõvi'dadus]
Geschenk (n)	presente (m)	[pre'zẽtʃi]
schenken (vt)	oferecer, dar (vt)	[ofere'ser], [dar]
Geschenke bekommen	receber presentes	[hese'ber pre'zẽtʃis]
Blumenstrauß (m)	buquê (m) de flores	[bu'ke de 'floris]
Glückwunsch (m)	felicitações (f pl)	[felisita'sõjs]
gratulieren (vi)	felicitar (vt)	[felisi'tar]
Glückwunschkarte (f)	cartão (m) de parabéns	[kar'tãw de para'bẽjs]
eine Karte abschicken	enviar um cartão postal	[ẽ'vjar ũ kart'ãw pos'taw]
eine Karte erhalten	receber um cartão postal	[hese'ber ũ kart'ãw pos'taw]

Trinkspruch (m)	brinde (m)	['brĩdʒi]
anbieten (vt)	oferecer (vt)	[ofere'ser]
Champagner (m)	champanhe (m)	[ʃã'paɲi]

sich amüsieren	divertir-se (vr)	[dʒiver'tʃirsi]
Fröhlichkeit (f)	diversão (f)	[dʒiver'sãw]
Freude (f)	alegria (f)	[ale'gria]

| Tanz (m) | dança (f) | ['dãsa] |
| tanzen (vi, vt) | dançar (vi) | [dã'sar] |

| Walzer (m) | valsa (f) | ['vawsa] |
| Tango (m) | tango (m) | ['tãgu] |

110. Bestattungen. Begräbnis

Friedhof (m)	cemitério (m)	[semi'tɛrju]
Grab (n)	sepultura (f), túmulo (m)	[sepuw'tura], ['tumulu]
Kreuz (n)	cruz (f)	[kruz]
Grabstein (m)	lápide (f)	['lapidʒi]
Zaun (m)	cerca (f)	['serka]
Kapelle (f)	capela (f)	[ka'pɛla]

Tod (m)	morte (f)	['mɔrtʃi]
sterben (vi)	morrer (vi)	[mo'her]
Verstorbene (m)	defunto (m)	[de'fũtu]
Trauer (f)	luto (m)	['lutu]

begraben (vt)	enterrar, sepultar (vt)	[ẽte'har], [sepuw'tar]
Bestattungsinstitut (n)	casa (f) funerária	['kaza fune'raria]
Begräbnis (n)	funeral (m)	[fune'raw]

Kranz (m)	coroa (f) de flores	[ko'roa de 'flɔris]
Sarg (m)	caixão (m)	[kaɪ'ʃãw]
Katafalk (m)	carro (m) funerário	['kaho fune'rarju]
Totenhemd (n)	mortalha (f)	[mor'taʎa]

Trauerzug (m)	procissão (f) funerária	[prosi'sãw fune'rarja]
Urne (f)	urna (f) funerária	['urna fune'rarja]
Krematorium (n)	crematório (m)	[krema'tɔrju]

Nachruf (m)	obituário (m), necrologia (f)	[obi'twarju], [nekrolo'ʒia]
weinen (vi)	chorar (vi)	[ʃo'rar]
schluchzen (vi)	soluçar (vi)	[solu'sar]

111. Krieg. Soldaten

Zug (m)	pelotão (m)	[pelo'tãw]
Kompanie (f)	companhia (f)	[kõpa'ɲia]
Regiment (n)	regimento (m)	[heʒi'mẽtu]
Armee (f)	exército (m)	[e'zɛrsitu]
Division (f)	divisão (f)	[dʒivi'zãw]

| Abteilung (f) | esquadrão (m) | [iskwa'drãw] |
| Heer (n) | hoste (f) | ['ɔste] |

| Soldat (m) | soldado (m) | [sow'dadu] |
| Offizier (m) | oficial (m) | [ofi'sjaw] |

Soldat (m)	soldado (m) raso	[sow'dadu 'hazu]
Feldwebel (m)	sargento (m)	[sar'ʒẽtu]
Leutnant (m)	tenente (m)	[te'nẽtʃi]
Hauptmann (m)	capitão (m)	[kapi'tãw]
Major (m)	major (m)	[ma'ʒɔr]
Oberst (m)	coronel (m)	[koro'nɛw]
General (m)	general (m)	[ʒene'raw]

Matrose (m)	marujo (m)	[ma'ruʒu]
Kapitän (m)	capitão (m)	[kapi'tãw]
Bootsmann (m)	contramestre (m)	[kõtra'mɛstri]
Artillerist (m)	artilheiro (m)	[artʃi'ʎejru]
Fallschirmjäger (m)	soldado (m) paraquedista	[sow'dadu parake'dʒista]
Pilot (m)	piloto (m)	[pi'lotu]
Steuermann (m)	navegador (m)	[navega'dor]
Mechaniker (m)	mecânico (m)	[me'kaniku]

Pionier (m)	sapador-mineiro (m)	[sapa'dor-mi'nejru]
Fallschirmspringer (m)	paraquedista (m)	[parake'dʒista]
Aufklärer (m)	explorador (m)	[isplora'dor]
Scharfschütze (m)	atirador (m) de tocaia	[atʃira'dor de to'kaja]

Patrouille (f)	patrulha (f)	[pa'truʎa]
patrouillieren (vi)	patrulhar (vt)	[patru'ʎar]
Wache (f)	sentinela (f)	[sẽtʃi'nɛla]
Krieger (m)	guerreiro (m)	[ge'hejru]
Patriot (m)	patriota (m)	[pa'trjɔta]
Held (m)	herói (m)	[e'rɔj]
Heldin (f)	heroína (f)	[ero'ina]

| Verräter (m) | traidor (m) | [traj'dor] |
| verraten (vt) | trair (vt) | [tra'ir] |

| Deserteur (m) | desertor (m) | [dezer'tor] |
| desertieren (vi) | desertar (vt) | [deser'tar] |

Söldner (m)	mercenário (m)	[merse'narju]
Rekrut (m)	recruta (m)	[he'kruta]
Freiwillige (m)	voluntário (m)	[volũ'tarju]

Getoetete (m)	morto (m)	['mortu]
Verwundete (m)	ferido (m)	[fe'ridu]
Kriegsgefangene (m)	prisioneiro (m) de guerra	[prizjo'nejru de 'gɛha]

112. Krieg. Militärische Aktionen. Teil 1

| Krieg (m) | guerra (f) | ['gɛha] |
| Krieg führen | guerrear (vt) | [ge'hjar] |

Bürgerkrieg (m)	guerra (f) civil	['gɛha si'viw]
heimtückisch (Adv)	perfidamente	[perfida'mẽtʃi]
Kriegserklärung (f)	declaração (f) de guerra	[deklara'sãw de 'gɛha]
erklären (den Krieg ~)	declarar guerra	[dekla'rar 'gɛha]
Aggression (f)	agressão (f)	[agre'sãw]
einfallen (Staat usw.)	atacar (vt)	[ata'kar]

einfallen (in ein Land ~)	invadir (vt)	[ĩva'dʒir]
Invasoren (pl)	invasor (m)	[ĩva'zor]
Eroberer (m), Sieger (m)	conquistador (m)	[kõkista'dor]

Verteidigung (f)	defesa (f)	[de'feza]
verteidigen (vt)	defender (vt)	[defẽ'der]
sich verteidigen	defender-se (vr)	[defẽ'dersi]

Feind (m)	inimigo (m)	[ini'migu]
Gegner (m)	adversário (m)	[adʒiver'sarju]
Feind-	inimigo	[ini'migu]

| Strategie (f) | estratégia (f) | [istra'tɛʒa] |
| Taktik (f) | tática (f) | ['tatʃika] |

Befehl (m)	ordem (f)	['ordẽ]
Anordnung (f)	comando (m)	[ko'mãdu]
befehlen (vt)	ordenar (vt)	[orde'nar]
Auftrag (m)	missão (f)	[mi'sãw]
geheim (Adj)	secreto	[se'krɛtu]

| Schlacht (f) | batalha (f) | [ba'taʎa] |
| Kampf (m) | combate (m) | [kõ'batʃi] |

Angriff (m)	ataque (m)	[a'taki]
Sturm (m)	assalto (m)	[a'sawtu]
stürmen (vt)	assaltar (vt)	[asaw'tar]
Belagerung (f)	assédio, sítio (m)	[a'sɛdʒu], ['sitʃju]

| Angriff (m) | ofensiva (f) | [ɔfẽ'siva] |
| angreifen (vt) | tomar à ofensiva | [to'mar a ofẽ'siva] |

| Rückzug (m) | retirada (f) | [hetʃi'rada] |
| sich zurückziehen | retirar-se (vr) | [hetʃi'rarse] |

| Einkesselung (f) | cerco (m) | ['serku] |
| einkesseln (vt) | cercar (vt) | [ser'kar] |

Bombenangriff (m)	bombardeio (m)	[bõbar'deju]
eine Bombe abwerfen	lançar uma bomba	[lã'sar 'uma 'bõba]
bombardieren (vt)	bombardear (vt)	[bõbar'dʒjar]
Explosion (f)	explosão (f)	[isplo'zãw]

Schuss (m)	tiro (m)	['tʃiru]
schießen (vt)	dar um tiro	[dar ũ 'tʃiru]
Schießerei (f)	tiroteio (m)	[tʃiro'teju]

| zielen auf ... | apontar para ... | [apõ'tar 'para] |
| richten (die Waffe) | apontar (vt) | [apõ'tar] |

treffen (ins Schwarze ~)	acertar (vt)	[aser'tar]
versenken (vt)	afundar (vt)	[afũ'dar]
Loch (im Schiffsrumpf)	brecha (f)	['brɛʃa]
versinken (Schiff)	afundar-se (vr)	[afũ'darse]
Front (f)	frente (m)	['frẽtʃi]
Evakuierung (f)	evacuação (f)	[evakwa'sãw]
evakuieren (vt)	evacuar (vt)	[eva'kwar]
Schützengraben (m)	trincheira (f)	[trĩ'ʃejra]
Stacheldraht (m)	arame (m) enfarpado	[a'rami ẽfar'padu]
Sperre (z.B. Panzersperre)	barreira (f) anti-tanque	[ba'hejra ãtʃi-'tãki]
Wachtturm (m)	torre (f) de vigia	['tohi de vi'ʒia]
Lazarett (n)	hospital (m) militar	[ospi'taw mili'tar]
verwunden (vt)	ferir (vt)	[fe'rir]
Wunde (f)	ferida (f)	[fe'rida]
Verwundete (m)	ferido (m)	[fe'ridu]
verletzt sein	ficar ferido	[fi'kar fe'ridu]
schwer (-e Verletzung)	grave	['gravi]

113. Krieg. Militärische Aktionen. Teil 2

Gefangenschaft (f)	cativeiro (m)	[katʃi'vejru]
gefangen nehmen (vt)	capturar (vt)	[kaptu'rar]
in Gefangenschaft sein	estar em cativeiro	[is'tar ẽ katʃi'vejru]
in Gefangenschaft geraten	ser aprisionado	[ser aprizjo'nadu]
Konzentrationslager (n)	campo (m) de concentração	['kãpu de kõsẽtra'sãw]
Kriegsgefangene (m)	prisioneiro (m) de guerra	[prizjo'nejru de 'gɛha]
fliehen (vi)	escapar (vi)	[iska'par]
verraten (vt)	trair (vt)	[tra'ir]
Verräter (m)	traidor (m)	[traj'dor]
Verrat (m)	traição (f)	[traj'sãw]
erschießen (vt)	fuzilar, executar (vt)	[fuzi'lar], [ezeku'tar]
Erschießung (f)	fuzilamento (m)	[fuzila'mẽtu]
Ausrüstung (persönliche ~)	equipamento (m)	[ekipa'mẽtu]
Schulterstück (n)	insígnia (f) de ombro	[ĩ'signia de 'õbru]
Gasmaske (f)	máscara (f) de gás	['maskara de gajs]
Funkgerät (n)	rádio (m)	['hadʒju]
Chiffre (f)	cifra (f), código (m)	['sifra], ['kɔdʒigu]
Geheimhaltung (f)	conspiração (f)	[kõspira'sãw]
Kennwort (n)	senha (f)	['sɛɲa]
Mine (f)	mina (f)	['mina]
Minen legen	minar (vt)	[mi'nar]
Minenfeld (n)	campo (m) minado	['kãpu mi'nadu]
Luftalarm (m)	alarme (m) aéreo	[a'larmi a'erju]
Alarm (m)	alarme (m)	[a'larmi]

Signal (n)	sinal (m)	[si'naw]
Signalrakete (f)	sinalizador (m)	[sinaliza'dor]

Hauptquartier (n)	quartel-general (m)	[kwar'tɛw ʒene'raw]
Aufklärung (f)	reconhecimento (m)	[hekoɲesi'mẽtu]
Lage (f)	situação (f)	[sitwa'sãw]
Bericht (m)	relatório (m)	[hela'tɔrju]
Hinterhalt (m)	emboscada (f)	[ẽbos'kada]
Verstärkung (f)	reforço (m)	[he'forsu]

Zielscheibe (f)	alvo (m)	['awvu]
Schießplatz (m)	campo (m) de tiro	['kãpu de 'tʃiru]
Manöver (n)	manobras (f pl)	[ma'nɔbras]

Panik (f)	pânico (m)	['paniku]
Verwüstung (f)	devastação (f)	[devasta'sãw]
Trümmer (pl)	ruínas (f pl)	['hwinas]
zerstören (vt)	destruir (vt)	[dʒis'trwir]

überleben (vi)	sobreviver (vi)	[sobrivi'ver]
entwaffnen (vt)	desarmar (vt)	[dʒizar'mar]
handhaben (vt)	manusear (vt)	[manu'zjar]

Stillgestanden!	Sentido!	[sẽ'tʃidu]
Rühren!	Descansar!	[dʒiskã'sar]

Heldentat (f)	façanha (f)	[fa'saɲa]
Eid (m), Schwur (m)	juramento (m)	[ʒura'mẽtu]
schwören (vi, vt)	jurar (vi)	[ʒu'rar]

Lohn (Orden, Medaille)	condecoração (f)	[kõdekora'sãw]
auszeichnen (mit Orden)	condecorar (vt)	[kõdeko'rar]
Medaille (f)	medalha (f)	[me'daʎa]
Orden (m)	ordem (f)	['ordẽ]

Sieg (m)	vitória (f)	[vi'tɔrja]
Niederlage (f)	derrota (f)	[de'hɔta]
Waffenstillstand (m)	armistício (m)	[armis'tʃisju]

Fahne (f)	bandeira (f)	[bã'dejra]
Ruhm (m)	glória (f)	['glɔrja]
Parade (f)	parada (f)	[pa'rada]
marschieren (vi)	marchar (vi)	[mar'ʃar]

114. Waffen

Waffe (f)	arma (f)	['arma]
Schusswaffe (f)	arma (f) de fogo	['arma de 'fogu]
blanke Waffe (f)	arma (f) branca	['arma 'brãka]

chemischen Waffen (pl)	arma (f) química nuclear	['arma 'kimika] [nu'kljar]
Kern-, Atom-		
Kernwaffe (f)	arma (f) nuclear	['arma nu'kljar]
Bombe (f)	bomba (f)	['bõba]

T&P Books. Wortschatz Deutsch-Brasilianisch Portugiesisch für das Selbststudium - 5000 Wörter

Atombombe (f)	bomba (f) atômica	['bõba a'tomika]
Pistole (f)	pistola (f)	[pis'tɔla]
Gewehr (n)	rifle (m)	['hifli]
Maschinenpistole (f)	semi-automática (f)	[semi-awto'matʃika]
Maschinengewehr (n)	metralhadora (f)	[metraʎa'dora]

Mündung (f)	boca (f)	['boka]
Lauf (Gewehr-)	cano (m)	['kanu]
Kaliber (n)	calibre (m)	[ka'libri]

Abzug (m)	gatilho (m)	[ga'tʃiʎu]
Visier (n)	mira (f)	['mira]
Magazin (n)	carregador (m)	[kahega'dor]
Kolben (m)	coronha (f)	[ko'rɔɲa]

| Handgranate (f) | granada (f) de mão | [gra'nada de mãw] |
| Sprengstoff (m) | explosivo (m) | [isplo'zivu] |

Kugel (f)	bala (f)	['bala]
Patrone (f)	cartucho (m)	[kar'tuʃu]
Ladung (f)	carga (f)	['karga]
Munition (f)	munições (f pl)	[muni'sõjs]

Bomber (m)	bombardeiro (m)	[bõbar'dejru]
Kampfflugzeug (n)	avião (m) de caça	[a'vjãw de 'kasa]
Hubschrauber (m)	helicóptero (m)	[eli'kɔpteru]

Flugabwehrkanone (f)	canhão (m) antiaéreo	[ka'ɲãw ãtʃja'ɛrju]
Panzer (m)	tanque (m)	['tãki]
Panzerkanone (f)	canhão (m)	[ka'ɲãw]

Artillerie (f)	artilharia (f)	[artʃiʎa'ria]
Kanone (f)	canhão (m)	[ka'ɲãw]
richten (die Waffe)	fazer a pontaria	[fa'zer a põta'ria]

Geschoß (n)	projétil (m)	[pro'ʒɛtʃiw]
Wurfgranate (f)	granada (f) de morteiro	[gra'nada de mor'tejru]
Granatwerfer (m)	morteiro (m)	[mor'tejru]
Splitter (m)	estilhaço (m)	[istʃi'ʎasu]

U-Boot (n)	submarino (m)	[subma'rinu]
Torpedo (m)	torpedo (m)	[tor'pedu]
Rakete (f)	míssil (m)	['misiw]

laden (Gewehr)	carregar (vt)	[kahe'gar]
schießen (vi)	disparar, atirar (vi)	[dʒispa'rar], [atʃi'rar]
zielen auf ...	apontar para ...	[apõ'tar 'para]
Bajonett (n)	baioneta (f)	[bajo'neta]

Degen (m)	espada (f)	[is'pada]
Säbel (m)	sabre (m)	['sabri]
Speer (m)	lança (f)	['lãsa]
Bogen (m)	arco (m)	['arku]
Pfeil (m)	flecha (f)	['flɛʃa]
Muskete (f)	mosquete (m)	[mos'ketʃi]
Armbrust (f)	besta (f)	['besta]

115. Menschen der Antike

vorzeitlich	primitivo	[primi'tʃivu]
prähistorisch	pré-histórico	[prɛ-is'tɔriku]
alt (antik)	antigo	[ã'tʃigu]
Steinzeit (f)	Idade (f) da Pedra	[i'dadʒi da 'pɛdra]
Bronzezeit (f)	Idade (f) do Bronze	[i'dadʒi du 'brõzi]
Eiszeit (f)	Era (f) do Gelo	['ɛra du 'ʒelu]
Stamm (m)	tribo (f)	['tribu]
Kannibale (m)	canibal (m)	[kani'baw]
Jäger (m)	caçador (m)	[kasa'dor]
jagen (vi)	caçar (vi)	[ka'sar]
Mammut (n)	mamute (m)	[ma'mutʃi]
Höhle (f)	caverna (f)	[ka'vɛrna]
Feuer (n)	fogo (m)	['fogu]
Lagerfeuer (n)	fogueira (f)	[fo'gejra]
Höhlenmalerei (f)	pintura (f) rupestre	[pĩ'tura hu'pɛstri]
Werkzeug (n)	ferramenta (f)	[feha'mẽta]
Speer (m)	lança (f)	['lãsa]
Steinbeil (n), Steinaxt (f)	machado (m) de pedra	[ma'ʃadu de 'pɛdra]
Krieg führen	guerrear (vt)	[ge'hjar]
domestizieren (vt)	domesticar (vt)	[domestʃi'kar]
Idol (n)	ídolo (m)	['idolu]
anbeten (vt)	adorar, venerar (vt)	[ado'rar], [vene'rar]
Aberglaube (m)	superstição (f)	[superstʃi'sãw]
Brauch (m), Ritus (m)	ritual (m)	[hi'twaw]
Evolution (f)	evolução (f)	[evolu'sãw]
Entwicklung (f)	desenvolvimento (m)	[dʒizẽvowvi'mẽtu]
Verschwinden (n)	extinção (f)	[istʃĩ'sãw]
sich anpassen	adaptar-se (vr)	[adap'tarse]
Archäologie (f)	arqueologia (f)	[arkjolo'ʒia]
Archäologe (m)	arqueólogo (m)	[ar'kjɔlogu]
archäologisch	arqueológico	[arkjo'lɔʒiku]
Ausgrabungsstätte (f)	escavação (f)	[iskava'sãw]
Ausgrabungen (pl)	escavações (f pl)	[iskava'sõjs]
Fund (m)	achado (m)	[a'ʃadu]
Fragment (n)	fragmento (m)	[frag'mẽtu]

116. Mittelalter

Volk (n)	povo (m)	['povu]
Völker (pl)	povos (m pl)	['pɔvus]
Stamm (m)	tribo (f)	['tribu]
Stämme (pl)	tribos (f pl)	['tribus]
Barbaren (pl)	bárbaros (pl)	['barbarus]

Gallier (pl)	gauleses (pl)	[gaw'lezes]
Goten (pl)	godos (pl)	['godus]
Slawen (pl)	eslavos (pl)	[iʃ'lavus]
Wikinger (pl)	viquingues (pl)	['vikĩgis]

| Römer (pl) | romanos (pl) | [ho'manus] |
| römisch | romano | [ho'manu] |

Byzantiner (pl)	bizantinos (pl)	[bizã'tʃinus]
Byzanz (n)	Bizâncio	[bi'zãsju]
byzantinisch	bizantino	[bizã'tʃinu]

Kaiser (m)	imperador (m)	[ĩpera'dor]
Häuptling (m)	líder (m)	['lider]
mächtig (Kaiser usw.)	poderoso	[pode'rozu]
König (m)	rei (m)	[hej]
Herrscher (Monarch)	governante (m)	[gover'nãtʃi]

Ritter (m)	cavaleiro (m)	[kava'lejru]
Feudalherr (m)	senhor feudal (m)	[se'ɲor few'daw]
feudal, Feudal-	feudal	[few'daw]
Vasall (m)	vassalo (m)	[va'salu]

Herzog (m)	duque (m)	['duki]
Graf (m)	conde (m)	['kõdʒi]
Baron (m)	barão (m)	[ba'rãw]
Bischof (m)	bispo (m)	['bispu]

Rüstung (f)	armadura (f)	[arma'dura]
Schild (m)	escudo (m)	[is'kudu]
Schwert (n)	espada (f)	[is'pada]
Visier (n)	viseira (f)	[vi'zejra]
Panzerhemd (n)	cota (f) de malha	['kɔta de 'maʎa]

| Kreuzzug (m) | cruzada (f) | [kru'zada] |
| Kreuzritter (m) | cruzado (m) | [kru'zadu] |

Territorium (n)	território (m)	[tehi'tɔrju]
einfallen (vt)	atacar (vt)	[ata'kar]
erobern (vt)	conquistar (vt)	[kõkis'tar]
besetzen (Land usw.)	ocupar, invadir (vt)	[oku'parsi], [ĩva'dʒir]

Belagerung (f)	assédio, sítio (m)	[a'sɛdʒu], ['sitʃu]
belagert	sitiado	[si'tʃjadu]
belagern (vt)	assediar, sitiar (vt)	[ase'dʒjar], [si'tʃjar]

Inquisition (f)	inquisição (f)	[ĩkizi'sãw]
Inquisitor (m)	inquisidor (m)	[ĩkizi'dor]
Folter (f)	tortura (f)	[tor'tura]
grausam (-e Folter)	cruel	[kru'ɛw]
Häretiker (m)	herege (m)	[e'reʒi]
Häresie (f)	heresia (f)	[ere'zia]

Seefahrt (f)	navegação (f) marítima	[navega'sãu ma'ritʃima]
Seeräuber (m)	pirata (m)	[pi'rata]
Seeräuberei (f)	pirataria (f)	[pirata'ria]

Enterung (f)	abordagem (f)	[abor'daʒẽ]
Beute (f)	presa (f), butim (m)	['preza], [bu'tĩ]
Schätze (pl)	tesouros (m pl)	[te'zorus]

Entdeckung (f)	descobrimento (m)	[dʒiskobri'mẽtu]
entdecken (vt)	descobrir (vt)	[dʒisko'brir]
Expedition (f)	expedição (f)	[ispedʒi'sãw]

Musketier (m)	mosqueteiro (m)	[moske'tejru]
Kardinal (m)	cardeal (m)	[kar'dʒjaw]
Heraldik (f)	heráldica (f)	[e'rawdʒika]
heraldisch	heráldico	[e'rawdʒiku]

117. Führungspersonen. Chef. Behörden

König (m)	rei (m)	[hej]
Königin (f)	rainha (f)	[ha'iɲa]
königlich	real	[he'aw]
Königreich (n)	reino (m)	['hejnu]

| Prinz (m) | príncipe (m) | ['prĩsipi] |
| Prinzessin (f) | princesa (f) | [prĩ'seza] |

Präsident (m)	presidente (m)	[prezi'dẽtʃi]
Vizepräsident (m)	vice-presidente (m)	['visi-prezi'dẽtʃi]
Senator (m)	senador (m)	[sena'dor]

Monarch (m)	monarca (m)	[mo'narka]
Herrscher (m)	governante (m)	[gover'nãtʃi]
Diktator (m)	ditador (m)	[dʒita'dor]
Tyrann (m)	tirano (m)	[tʃi'ranu]
Magnat (m)	magnata (m)	[mag'nata]

Direktor (m)	diretor (m)	[dʒire'tor]
Chef (m)	chefe (m)	['ʃɛfi]
Leiter (einer Abteilung)	gerente (m)	[ʒe'rẽtʃi]
Boss (m)	patrão (m)	[pa'trãw]
Eigentümer (m)	dono (m)	['donu]

Leiter (Delegations-)	chefe (m)	['ʃɛfi]
Behörden (pl)	autoridades (f pl)	[awtori'dadʒis]
Vorgesetzten (pl)	superiores (m pl)	[supe'rjores]

Gouverneur (m)	governador (m)	[governa'dor]
Konsul (m)	cônsul (m)	['kõsuw]
Diplomat (m)	diplomata (m)	[dʒiplo'mata]

| Bürgermeister (m) | Presidente (m) da Câmara | [prezi'dẽtʃi da 'kamara] |
| Sheriff (m) | xerife (m) | [ʃe'rifi] |

Kaiser (m)	imperador (m)	[ĩpera'dor]
Zar (m)	czar (m)	['kzar]
Pharao (m)	faraó (m)	[fara'ɔ]
Khan (m)	cã, khan (m)	[kã]

118. Gesetzesverstoß Verbrecher. Teil 1

Bandit (m)	bandido (m)	[bã'dʒidu]
Verbrechen (n)	crime (m)	['krimi]
Verbrecher (m)	criminoso (m)	[krimi'nozu]

Dieb (m)	ladrão (m)	[la'drãw]
stehlen (vt)	roubar (vt)	[ho'bar]
Diebstahl (Aktivität)	furto (m)	['furtu]
Stehlen (n)	furto (m)	['furtu]

kidnappen (vt)	raptar, sequestrar (vt)	[hap'tar], [sekwes'trar]
Kidnapping (n)	sequestro (m)	[se'kwɛstru]
Kidnapper (m)	sequestrador (m)	[sekwestra'dor]

| Lösegeld (n) | resgate (m) | [hez'gatʃi] |
| Lösegeld verlangen | pedir resgate | [pe'dʒir hez'gatʃi] |

rauben (vt)	roubar (vt)	[ho'bar]
Raub (m)	assalto, roubo (m)	[a'sawtu], ['hobu]
Räuber (m)	assaltante (m)	[asaw'tãtʃi]

erpressen (vt)	extorquir (vt)	[istor'kir]
Erpresser (m)	extorsionário (m)	[istorsjo'narju]
Erpressung (f)	extorsão (f)	[istor'sãw]

morden (vt)	matar, assassinar (vt)	[ma'tar], [asasi'nar]
Mord (m)	homicídio (m)	[omi'sidʒju]
Mörder (m)	homicida, assassino (m)	[ɔmi'sida], [asa'sinu]

Schuss (m)	tiro (m)	['tʃiru]
schießen (vt)	dar um tiro	[dar ũ 'tʃiru]
erschießen (vt)	matar a tiro	[ma'tar a 'tʃiru]
feuern (vi)	disparar, atirar (vi)	[dʒispa'rar], [atʃi'rar]
Schießerei (f)	tiroteio (m)	[tʃiro'teju]

Vorfall (m)	incidente (m)	[ĩsi'dẽtʃi]
Schlägerei (f)	briga (f)	['briga]
Hilfe!	Socorro!	[so'kohu]
Opfer (n)	vítima (f)	['vitʃima]

beschädigen (vt)	danificar (vt)	[danifi'kar]
Schaden (m)	dano (m)	['danu]
Leiche (f)	cadáver (m)	[ka'daver]
schwer (-es Verbrechen)	grave	['gravi]

angreifen (vt)	atacar (vt)	[ata'kar]
schlagen (vt)	bater (vt)	[ba'ter]
verprügeln (vt)	espancar (vt)	[ispã'kar]
wegnehmen (vt)	tirar (vt)	[tʃi'rar]
erstechen (vt)	esfaquear (vt)	[isfaki'ar]
verstümmeln (vt)	mutilar (vt)	[mutʃi'lar]
verwunden (vt)	ferir (vt)	[fe'rir]
Erpressung (f)	chantagem (f)	[ʃã'taʒẽ]
erpressen (vt)	chantagear (vt)	[ʃãta'ʒjar]

Erpresser (m)	chantagista (m)	[ʃãta'ʒista]
Schutzgelderpressung (f)	extorsão (f)	[istor'sãw]
Erpresser (Racketeer)	extorsionário (m)	[istorsjo'narju]
Gangster (m)	gângster (m)	['gãŋster]
Mafia (f)	máfia (f)	['mafja] |//

Taschendieb (m)	punguista (m)	[pũ'gista]
Einbrecher (m)	assaltante, ladrão (m)	[asaw'tãtʃi], [la'drãw]
Schmuggel (m)	contrabando (m)	[kõtra'bãdu]
Schmuggler (m)	contrabandista (m)	[kõtrabã'dʒista]

Fälschung (f)	falsificação (f)	[fawsifika'sãw]
fälschen (vt)	falsificar (vt)	[fawsifi'kar]
gefälscht	falsificado	[fawsifi'kadu]

119. Gesetzesbruch. Verbrecher. Teil 2

Vergewaltigung (f)	estupro (m)	[is'tupru]
vergewaltigen (vt)	estuprar (vt)	[istu'prar]
Gewalttäter (m)	estuprador (m)	[istupra'dor]
Besessene (m)	maníaco (m)	[ma'niaku]

Prostituierte (f)	prostituta (f)	[prostʃi'tuta]
Prostitution (f)	prostituição (f)	[prostʃitwi'sãw]
Zuhälter (m)	cafetão (m)	[kafe'tãw]

Drogenabhängiger (m)	drogado (m)	[dro'gadu]
Drogenhändler (m)	traficante (m)	[trafi'kãtʃi]

sprengen (vt)	explodir (vt)	[isplo'dʒir]
Explosion (f)	explosão (f)	[isplo'zãw]
in Brand stecken	incendiar (vt)	[ĩsẽ'dʒjar]
Brandstifter (m)	incendiário (m)	[ĩsẽ'dʒjarju]

Terrorismus (m)	terrorismo (m)	[teho'rizmu]
Terrorist (m)	terrorista (m)	[teho'rista]
Geisel (m, f)	refém (m)	[he'fẽ]

betrügen (vt)	enganar (vt)	[ẽga'nar]
Betrug (m)	engano (m)	[ẽ'gãnu]
Betrüger (m)	vigarista (m)	[viga'rista]

bestechen (vt)	subornar (vt)	[subor'nar]
Bestechlichkeit (f)	suborno (m)	[su'bornu]
Bestechungsgeld (n)	suborno (m)	[su'bornu]

Gift (n)	veneno (m)	[ve'nɛnu]
vergiften (vt)	envenenar (vt)	[ẽvene'nar]
sich vergiften	envenenar-se (vr)	[ẽvene'narsi]

Selbstmord (m)	suicídio (m)	[swi'sidʒju]
Selbstmörder (m)	suicida (m)	[swi'sida]
drohen (vi)	ameaçar (vt)	[amea'sar]
Drohung (f)	ameaça (f)	[ame'asa]

| versuchen (vt) | atentar contra a vida de ... | [atẽ'tar 'kõtra a 'vida de] |
| Attentat (n) | atentado (m) | [atẽ'tadu] |

| stehlen (Auto ~) | roubar (vt) | [ho'bar] |
| entführen (Flugzeug ~) | sequestrar (vt) | [sekwes'trar] |

| Rache (f) | vingança (f) | [vĩ'gãsa] |
| sich rächen | vingar (vt) | [vĩ'gar] |

foltern (vt)	torturar (vt)	[tortu'rar]
Folter (f)	tortura (f)	[tor'tura]
quälen (vt)	atormentar (vt)	[atormẽ'tar]

Seeräuber (m)	pirata (m)	[pi'rata]
Rowdy (m)	desordeiro (m)	[dʒizor'dejru]
bewaffnet	armado	[ar'madu]
Gewalt (f)	violência (f)	[vjo'lẽsja]
ungesetzlich	ilegal	[ile'gaw]

| Spionage (f) | espionagem (f) | [ispio'naʒẽ] |
| spionieren (vi) | espionar (vi) | [ispjo'nar] |

120. Polizei Recht. Teil 1

| Justiz (f) | justiça (f) | [ʒus'tʃisa] |
| Gericht (n) | tribunal (m) | [tribu'naw] |

Richter (m)	juiz (m)	[ʒwiz]
Geschworenen (pl)	jurados (m pl)	[ʒu'radus]
Geschworenengericht (n)	tribunal (m) do júri	[tribu'naw du 'ʒuri]
richten (vt)	julgar (vt)	[ʒuw'gar]

Rechtsanwalt (m)	advogado (m)	[adʒivo'gadu]
Angeklagte (m)	réu (m)	['hɛw]
Anklagebank (f)	banco (m) dos réus	['bãku dus hɛws]

| Anklage (f) | acusação (f) | [akuza'sãw] |
| Beschuldigte (m) | acusado (m) | [aku'zadu] |

| Urteil (n) | sentença (f) | [sẽ'tẽsa] |
| verurteilen (vt) | sentenciar (vt) | [sẽtẽ'sjar] |

Schuldige (m)	culpado (m)	[kuw'padu]
bestrafen (vt)	punir (vt)	[pu'nir]
Strafe (f)	punição (f)	[puni'sãw]

Geldstrafe (f)	multa (f)	['muwta]
lebenslange Haft (f)	prisão (f) perpétua	[pri'zãw per'pɛtwa]
Todesstrafe (f)	pena (f) de morte	['pena de 'mɔrtʃi]
elektrischer Stuhl (m)	cadeira (f) elétrica	[ka'dejra e'lɛtrika]
Galgen (m)	forca (f)	['forka]

| hinrichten (vt) | executar (vt) | [ezeku'tar] |
| Hinrichtung (f) | execução (f) | [ezeku'sãw] |

| Gefängnis (n) | prisão (f) | [pri'zãw] |
| Zelle (f) | cela (f) de prisão | ['sɛla de pri'zãw] |

Eskorte (f)	escolta (f)	[is'kɔwta]
Gefängniswärter (m)	guarda (m) prisional	['gwarda prizjo'naw]
Gefangene (m)	preso (m)	['prezu]

| Handschellen (pl) | algemas (f pl) | [aw'ʒɛmas] |
| Handschellen anlegen | algemar (vt) | [awʒe'mar] |

Ausbruch (Flucht)	fuga, evasão (f)	['fuga], [eva'zãw]
ausbrechen (vi)	fugir (vi)	[fu'ʒir]
verschwinden (vi)	desaparecer (vi)	[dʒizapare'ser]
aus ... entlassen	soltar, libertar (vt)	[sow'tar], [liber'tar]
Amnestie (f)	anistia (f)	[anis'tʃia]

Polizei (f)	polícia (f)	[po'lisja]
Polizist (m)	polícia (m)	[po'lisja]
Polizeiwache (f)	delegacia (f) de polícia	[delega'sia de po'lisja]
Gummiknüppel (m)	cassetete (m)	[kase'tɛtʃi]
Sprachrohr (n)	megafone (m)	[mega'fɔni]

Streifenwagen (m)	carro (m) de patrulha	['kaho de pa'truʎa]
Sirene (f)	sirene (f)	[si'rɛni]
die Sirene einschalten	ligar a sirene	[li'gar a si'rɛni]
Sirenengeheul (n)	toque (m) da sirene	['tɔki da si'rɛni]

Tatort (m)	cena (f) do crime	['sɛna du 'krimi]
Zeuge (m)	testemunha (f)	[teste'muɲa]
Freiheit (f)	liberdade (f)	[liber'dadʒi]
Komplize (m)	cúmplice (m)	['kũplisi]
verschwinden (vi)	escapar (vi)	[iska'par]
Spur (f)	traço (m)	['trasu]

121. Polizei. Recht. Teil 2

Fahndung (f)	procura (f)	[pro'kura]
suchen (vt)	procurar (vt)	[proku'rar]
Verdacht (m)	suspeita (f)	[sus'pejta]
verdächtig (Adj)	suspeito	[sus'pejtu]
anhalten (Polizei)	parar (vt)	[pa'rar]
verhaften (vt)	deter (vt)	[de'ter]

Fall (m), Klage (f)	caso (m)	['kazu]
Untersuchung (f)	investigação (f)	[ĩvestʃiga'sãw]
Detektiv (m)	detetive (m)	[dete'tʃivi]
Ermittlungsrichter (m)	investigador (m)	[ĩvestʃiga'dor]
Version (f)	versão (f)	[ver'sãw]

Motiv (n)	motivo (m)	[mo'tʃivu]
Verhör (n)	interrogatório (m)	[ĩtehoga'tɔrju]
verhören (vt)	interrogar (vt)	[ĩteho'gar]
vernehmen (vt)	questionar (vt)	[kestʃo'nar]
Kontrolle (Personen-)	verificação (f)	[verifika'sãw]

Razzia (f)	batida (f) policial	[ba'tʃida poli'sjaw]
Durchsuchung (f)	busca (f)	['buska]
Verfolgung (f)	perseguição (f)	[persegi'sãw]
nachjagen (vi)	perseguir (vt)	[perse'gir]
verfolgen (vt)	seguir, rastrear (vt)	[se'gir], [has'trjar]

Verhaftung (f)	prisão (f)	[pri'zãw]
verhaften (vt)	prender (vt)	[prẽ'der]
fangen (vt)	pegar, capturar (vt)	[pe'gar], [kaptu'rar]
Festnahme (f)	captura (f)	[kap'tura]

Dokument (n)	documento (m)	[doku'mẽtu]
Beweis (m)	prova (f)	['prɔva]
beweisen (vt)	provar (vt)	[pro'var]
Fußspur (f)	pegada (f)	[pe'gada]
Fingerabdrücke (pl)	impressões (f pl) digitais	[impre'sõjs dʒiʒi'tajs]
Beweisstück (n)	prova (f)	['prɔva]

Alibi (n)	álibi (m)	['alibi]
unschuldig	inocente	[ino'sẽtʃi]
Ungerechtigkeit (f)	injustiça (f)	[ĩʒus'tʃisa]
ungerecht	injusto	[ĩ'ʒustu]

Kriminal-	criminal	[krimi'naw]
beschlagnahmen (vt)	confiscar (vt)	[kõfis'kar]
Droge (f)	droga (f)	['drɔga]
Waffe (f)	arma (f)	['arma]
entwaffnen (vt)	desarmar (vt)	[dʒizar'mar]
befehlen (vt)	ordenar (vt)	[orde'nar]
verschwinden (vi)	desaparecer (vi)	[dʒizapare'ser]

Gesetz (n)	lei (f)	[lej]
gesetzlich	legal	[le'gaw]
ungesetzlich	ilegal	[ile'gaw]

| Verantwortlichkeit (f) | responsabilidade (f) | [hespõsabili'dadʒi] |
| verantwortlich | responsável | [hespõ'savew] |

NATUR

Die Erde. Teil 1

122. Weltall

Kosmos (m)	espaço, cosmo (m)	[is'pasu], ['kɔzmu]
kosmisch, Raum-	espacial, cósmico	[ispa'sjaw], ['kɔzmiku]
Weltraum (m)	espaço (m) cósmico	[is'pasu 'kɔzmiku]
All (n)	mundo (m)	['mũdu]
Universum (n)	universo (m)	[uni'vɛrsu]
Galaxie (f)	galáxia (f)	[ga'laksja]
Stern (m)	estrela (f)	[is'trela]
Gestirn (n)	constelação (f)	[kõstela'sãw]
Planet (m)	planeta (m)	[pla'neta]
Satellit (m)	satélite (m)	[sa'tɛlitʃi]
Meteorit (m)	meteorito (m)	[meteo'ritu]
Komet (m)	cometa (m)	[ko'meta]
Asteroid (m)	asteroide (m)	[aste'rɔjdʒi]
Umlaufbahn (f)	órbita (f)	['ɔrbita]
sich drehen	girar (vi)	[ʒi'rar]
Atmosphäre (f)	atmosfera (f)	[atmos'fɛra]
Sonne (f)	Sol (m)	[sɔw]
Sonnensystem (n)	Sistema (m) Solar	[sis'tɛma so'lar]
Sonnenfinsternis (f)	eclipse (m) solar	[e'klipsi so'lar]
Erde (f)	Terra (f)	['tɛha]
Mond (m)	Lua (f)	['lua]
Mars (m)	Marte (m)	['martʃi]
Venus (f)	Vênus (f)	['venus]
Jupiter (m)	Júpiter (m)	['ʒupiter]
Saturn (m)	Saturno (m)	[sa'turnu]
Merkur (m)	Mercúrio (m)	[mer'kurju]
Uran (m)	Urano (m)	[u'ranu]
Neptun (m)	Netuno (m)	[ne'tunu]
Pluto (m)	Plutão (m)	[plu'tãw]
Milchstraße (f)	Via Láctea (f)	['via 'laktja]
Der Große Bär	Ursa Maior (f)	[ursa ma'jɔr]
Polarstern (m)	Estrela Polar (f)	[is'trela po'lar]
Marsbewohner (m)	marciano (m)	[mar'sjanu]
Außerirdischer (m)	extraterrestre (m)	[estrate'hɛstri]

außerirdisches Wesen (n)	alienígena (m)	[alje'niʒena]
fliegende Untertasse (f)	disco (m) voador	['dʒisku vwa'dor]

Raumschiff (n)	nave (f) espacial	['navi ispa'sjaw]
Raumstation (f)	estação (f) orbital	[eʃta'sãw orbi'taw]
Raketenstart (m)	lançamento (m)	[lãsa'mẽtu]

Triebwerk (n)	motor (m)	[mo'tor]
Düse (f)	bocal (m)	[bo'kaw]
Treibstoff (m)	combustível (m)	[kõbus'tʃivew]

Kabine (f)	cabine (f)	[ka'bini]
Antenne (f)	antena (f)	[ã'tɛna]
Bullauge (n)	vigia (f)	[vi'ʒia]
Sonnenbatterie (f)	bateria (f) solar	[bate'ria so'lar]
Raumanzug (m)	traje (m) espacial	['traʒi ispa'sjaw]

Schwerelosigkeit (f)	imponderabilidade (f)	[ĩpõderabili'dadʒi]
Sauerstoff (m)	oxigênio (m)	[oksi'ʒenju]

Ankopplung (f)	acoplagem (f)	[ako'plaʒẽ]
koppeln (vi)	fazer uma acoplagem	[fa'zer 'uma ako'plaʒẽ]

Observatorium (n)	observatório (m)	[observa'tɔrju]
Teleskop (n)	telescópio (m)	[tele'skɔpju]
beobachten (vt)	observar (vt)	[obser'var]
erforschen (vt)	explorar (vt)	[isplo'rar]

123. Die Erde

Erde (f)	Terra (f)	['tɛha]
Erdkugel (f)	globo (m) terrestre	['globu te'hɛstri]
Planet (m)	planeta (m)	[pla'neta]

Atmosphäre (f)	atmosfera (f)	[atmos'fɛra]
Geographie (f)	geografia (f)	[ʒeogra'fia]
Natur (f)	natureza (f)	[natu'reza]

Globus (m)	globo (m)	['globu]
Landkarte (f)	mapa (m)	['mapa]
Atlas (m)	atlas (m)	['atlas]

Europa (n)	Europa (f)	[ew'rɔpa]
Asien (n)	Ásia (f)	['azja]

Afrika (n)	África (f)	['afrika]
Australien (n)	Austrália (f)	[aws'tralja]

Amerika (n)	América (f)	[a'mɛrika]
Nordamerika (n)	América (f) do Norte	[a'mɛrika du 'nɔrtʃi]
Südamerika (n)	América (f) do Sul	[a'mɛrika du suw]

Antarktis (f)	Antártida (f)	[ã'tartʃida]
Arktis (f)	Ártico (m)	['artʃiku]

124. Himmelsrichtungen

Norden (m)	norte (m)	['nɔrtʃi]
nach Norden	para norte	['para 'nɔrtʃi]
im Norden	no norte	[nu 'nɔrtʃi]
nördlich	do norte	[du 'nɔrtʃi]
Süden (m)	sul (m)	[suw]
nach Süden	para sul	['para suw]
im Süden	no sul	[nu suw]
südlich	do sul	[du suw]
Westen (m)	oeste, ocidente (m)	['wɛstʃi], [osi'dẽtʃi]
nach Westen	para oeste	['para 'wɛstʃi]
im Westen	no oeste	[nu 'wɛstʃi]
westlich, West-	ocidental	[osidẽ'taw]
Osten (m)	leste, oriente (m)	['lɛstʃi], [o'rjẽtʃi]
nach Osten	para leste	['para 'lɛstʃi]
im Osten	no leste	[nu 'lɛstʃi]
östlich	oriental	[orjẽ'taw]

125. Meer. Ozean

Meer (n), See (f)	mar (m)	[mah]
Ozean (m)	oceano (m)	[o'sjanu]
Golf (m)	golfo (m)	['gowfu]
Meerenge (f)	estreito (m)	[is'trejtu]
Festland (n)	terra (f) firme	['tɛha 'firmi]
Kontinent (m)	continente (m)	[kõtʃi'nẽtʃi]
Insel (f)	ilha (f)	['iʎa]
Halbinsel (f)	península (f)	[pe'nĩsula]
Archipel (m)	arquipélago (m)	[arki'pɛlagu]
Bucht (f)	baía (f)	[ba'ia]
Hafen (m)	porto (m)	['portu]
Lagune (f)	lagoa (f)	[la'goa]
Kap (n)	cabo (m)	['kabu]
Atoll (n)	atol (m)	[a'tɔw]
Riff (n)	recife (m)	[he'sifi]
Koralle (f)	coral (m)	[ko'raw]
Korallenriff (n)	recife (m) de coral	[he'sifi de ko'raw]
tief (Adj)	profundo	[pro'fũdu]
Tiefe (f)	profundidade (f)	[profũdʒi'dadʒi]
Abgrund (m)	abismo (m)	[a'bizmu]
Graben (m)	fossa (f) oceânica	['fɔsa o'sjanika]
Strom (m)	corrente (f)	[ko'hẽtʃi]
umspülen (vt)	banhar (vt)	[ba'ɲar]
Ufer (n)	litoral (m)	[lito'raw]

Küste (f)	costa (f)	['kɔsta]
Flut (f)	maré (f) alta	[ma'rɛ 'awta]
Ebbe (f)	refluxo (m)	[he'fluksu]
Sandbank (f)	restinga (f)	[hes'tʃĩga]
Boden (m)	fundo (m)	['fũdu]

Welle (f)	onda (f)	['õda]
Wellenkamm (m)	crista (f) da onda	['krista da 'õda]
Schaum (m)	espuma (f)	[is'puma]

Sturm (m)	tempestade (f)	[tẽpes'tadʒi]
Orkan (m)	furacão (m)	[fura'kãw]
Tsunami (m)	tsunami (m)	[tsu'nami]
Windstille (f)	calmaria (f)	[kawma'ria]
ruhig	calmo	['kawmu]

| Pol (m) | polo (m) | ['pɔlu] |
| Polar- | polar | [po'lar] |

Breite (f)	latitude (f)	[latʃi'tudʒi]
Länge (f)	longitude (f)	[lõʒi'tudʒi]
Breitenkreis (m)	paralela (f)	[para'lɛla]
Äquator (m)	equador (m)	[ekwa'dor]

Himmel (m)	céu (m)	[sɛw]
Horizont (m)	horizonte (m)	[ori'zõtʃi]
Luft (f)	ar (m)	[ar]

Leuchtturm (m)	farol (m)	[fa'rɔw]
tauchen (vi)	mergulhar (vi)	[mergu'ʎar]
versinken (vi)	afundar-se (vr)	[afũ'darse]
Schätze (pl)	tesouros (m pl)	[te'zorus]

126. Namen der Meere und Ozeane

Atlantischer Ozean (m)	Oceano (m) Atlântico	[o'sjanu at'lãtʃiku]
Indischer Ozean (m)	Oceano (m) Índico	[o'sjanu 'ĩdiku]
Pazifischer Ozean (m)	Oceano (m) Pacífico	[o'sjanu pa'sifiku]
Arktischer Ozean (m)	Oceano (m) Ártico	[o'sjanu 'artʃiku]

Schwarzes Meer (n)	Mar (m) Negro	[mah 'negru]
Rotes Meer (n)	Mar (m) Vermelho	[mah ver'meʎu]
Gelbes Meer (n)	Mar (m) Amarelo	[mah ama'rɛlu]
Weißes Meer (n)	Mar (m) Branco	[mah 'brãku]

Kaspisches Meer (n)	Mar (m) Cáspio	[mah 'kaspju]
Totes Meer (n)	Mar (m) Morto	[mah 'mortu]
Mittelmeer (n)	Mar (m) Mediterrâneo	[mah medʒite'hanju]

| Ägäisches Meer (n) | Mar (m) Egeu | [mah e'ʒew] |
| Adriatisches Meer (n) | Mar (m) Adriático | [mah a'drjatʃiku] |

| Arabisches Meer (n) | Mar (m) Arábico | [mah a'rabiku] |
| Japanisches Meer (n) | Mar (m) do Japão | [mah du ʒa'pãw] |

| Beringmeer (n) | Mar (m) de Bering | [mah de be'rĩgi] |
| Südchinesisches Meer (n) | Mar (m) da China Meridional | [mah da 'ʃina meri'dʒjo'naw] |

Korallenmeer (n)	Mar (m) de Coral	[mah de ko'raw]
Tasmansee (f)	Mar (m) de Tasman	[mah de tazman]
Karibisches Meer (n)	Mar (m) do Caribe	[mah du ka'ribi]

| Barentssee (f) | Mar (m) de Barents | [mah de barẽts] |
| Karasee (f) | Mar (m) de Kara | [mah de 'kara] |

Nordsee (f)	Mar (m) do Norte	[mah du 'nɔrtʃi]
Ostsee (f)	Mar (m) Báltico	[mah 'bawtʃiku]
Nordmeer (n)	Mar (m) da Noruega	[mah da nor'wɛga]

127. Berge

Berg (m)	montanha (f)	[mõ'taɲa]
Gebirgskette (f)	cordilheira (f)	[kordʒi'ʎejra]
Bergrücken (m)	serra (f)	['sɛha]

Gipfel (m)	cume (m)	['kumi]
Spitze (f)	pico (m)	['piku]
Bergfuß (m)	pé (m)	[pɛ]
Abhang (m)	declive (m)	[de'klivi]

Vulkan (m)	vulcão (m)	[vuw'kãw]
tätiger Vulkan (m)	vulcão (m) ativo	[vuw'kãw a'tʃivu]
schlafender Vulkan (m)	vulcão (m) extinto	[vuw'kãw is'tʃĩtu]

Ausbruch (m)	erupção (f)	[erup'sãw]
Krater (m)	cratera (f)	[kra'tɛra]
Magma (n)	magma (m)	['magma]
Lava (f)	lava (f)	['lava]
glühend heiß (-e Lava)	fundido	[fũ'dʒidu]

Cañon (m)	cânion, desfiladeiro (m)	['kanjon], [dʒisfila'dejru]
Schlucht (f)	garganta (f)	[gar'gãta]
Spalte (f)	fenda (f)	['fẽda]
Abgrund (m) (steiler ~)	precipício (m)	[presi'pisju]

Gebirgspass (m)	passo, colo (m)	['pasu], ['kɔlu]
Plateau (n)	planalto (m)	[pla'nawtu]
Fels (m)	falésia (f)	[fa'lɛzja]
Hügel (m)	colina (f)	[ko'lina]

Gletscher (m)	geleira (f)	[ʒe'lejra]
Wasserfall (m)	cachoeira (f)	[kaʃ'wejra]
Geiser (m)	gêiser (m)	['ʒɛjzer]
See (m)	lago (m)	['lagu]

Ebene (f)	planície (f)	[pla'nisi]
Landschaft (f)	paisagem (f)	[paj'zaʒẽ]
Echo (n)	eco (m)	['ɛku]
Bergsteiger (m)	alpinista (m)	[awpi'nista]

Kletterer (m)	escalador (m)	[iskala'dor]
bezwingen (vt)	conquistar (vt)	[kõkis'tar]
Aufstieg (m)	subida, escalada (f)	[su'bida], [iska'lada]

128. Namen der Berge

Alpen (pl)	Alpes (m pl)	['awpis]
Montblanc (m)	Monte Branco (m)	['mõtʃi 'brãku]
Pyrenäen (pl)	Pirineus (m pl)	[piri'news]
Karpaten (pl)	Cárpatos (m pl)	['karpatus]
Uralgebirge (n)	Urais (m pl)	[u'rajs]
Kaukasus (m)	Cáucaso (m)	['kawkazu]
Elbrus (m)	Elbrus (m)	[el'brus]
Altai (m)	Altai (m)	[al'taj]
Tian Shan (m)	Tian Shan (m)	[tjan ʃan]
Pamir (m)	Pamir (m)	[pa'mir]
Himalaja (m)	Himalaia (m)	[ima'laja]
Everest (m)	monte Everest (m)	['mõtʃi eve'rest]
Anden (pl)	Cordilheira (f) dos Andes	[korʤi'ʎejra dus 'ãʤis]
Kilimandscharo (m)	Kilimanjaro (m)	[kilimã'ʒaru]

129. Flüsse

Fluss (m)	rio (m)	['hiu]
Quelle (f)	fonte, nascente (f)	['fõtʃi], [na'sẽtʃi]
Flussbett (n)	leito (m) de rio	['lejtu de 'hiu]
Stromgebiet (n)	bacia (f)	[ba'sia]
einmünden in ...	desaguar no ...	[ʤiza'gwar nu]
Nebenfluss (m)	afluente (m)	[a'flwẽtʃi]
Ufer (n)	margem (f)	['marʒẽ]
Strom (m)	corrente (f)	[ko'hẽtʃi]
stromabwärts	rio abaixo	['hiu a'baɪʃu]
stromaufwärts	rio acima	['hiu a'sima]
Überschwemmung (f)	inundação (f)	[ĩtrodu'sãw]
Hochwasser (n)	cheia (f)	['ʃeja]
aus den Ufern treten	transbordar (vi)	[trãzbor'dar]
überfluten (vt)	inundar (vt)	[inũ'dar]
Sandbank (f)	banco (m) de areia	['bãku de a'reja]
Stromschnelle (f)	corredeira (f)	[kohe'dejra]
Damm (m)	barragem (f)	[ba'haʒẽ]
Kanal (m)	canal (m)	[ka'naw]
Stausee (m)	reservatório (m) de água	[hezerva'tɔrju de 'agwa]
Schleuse (f)	eclusa (f)	[e'kluza]
Gewässer (n)	corpo (m) de água	['korpu de 'agwa]

Sumpf (m), Moor (n)	pântano (m)	['pãtanu]
Marsch (f)	lamaçal (m)	[lama'saw]
Strudel (m)	rodamoinho (m)	[hodamo'iɲu]

Bach (m)	riacho (m)	['hjaʃu]
Trink- (z.B. Trinkwasser)	potável	[po'tavew]
Süß- (Wasser)	doce	['dosi]

| Eis (n) | gelo (m) | ['ʒelu] |
| zufrieren (vi) | congelar-se (vr) | [kõʒe'larsi] |

130. Namen der Flüsse

| Seine (f) | rio Sena (m) | ['hiu 'sɛna] |
| Loire (f) | rio Loire (m) | ['hiu lu'ar] |

Themse (f)	rio Tâmisa (m)	['hiu 'tamiza]
Rhein (m)	rio Reno (m)	['hiu 'henu]
Donau (f)	rio Danúbio (m)	['hiu da'nubju]

Wolga (f)	rio Volga (m)	['hiu 'vɔlga]
Don (m)	rio Don (m)	['hiu dɔn]
Lena (f)	rio Lena (m)	['hiu 'lena]

Gelber Fluss (m)	rio Amarelo (m)	['hiu ama'rɛlu]
Jangtse (m)	rio Yangtzé (m)	['hiu jã'gtzɛ]
Mekong (m)	rio Mekong (m)	['hiu mi'kõg]
Ganges (m)	rio Ganges (m)	['hiu 'gændʒi:z]

Nil (m)	rio Nilo (m)	['hiu 'nilu]
Kongo (m)	rio Congo (m)	['hiu 'kõgu]
Okavango (m)	rio Cubango (m)	['hiu ku'bãgu]
Sambesi (m)	rio Zambeze (m)	['hiu zã'bezi]
Limpopo (m)	rio Limpopo (m)	['hiu lĩ'popu]
Mississippi (m)	rio Mississippi (m)	['hiu misi'sipi]

131. Wald

| Wald (m) | floresta (f), bosque (m) | [flo'rɛsta], ['bɔski] |
| Wald- | florestal | [flores'taw] |

Dickicht (n)	mata (f) fechada	['mata fe'ʃada]
Gehölz (n)	arvoredo (m)	[arvo'redu]
Lichtung (f)	clareira (f)	[kla'rejra]

| Dickicht (n) | matagal (m) | [mata'gaw] |
| Gebüsch (n) | mato (m), caatinga (f) | ['matu], [ka'tʃĩga] |

Fußweg (m)	trilha, vereda (f)	['triʎa], [ve'reda]
Erosionsrinne (f)	ravina (f)	[ha'vina]
Baum (m)	árvore (f)	['arvori]
Blatt (n)	folha (f)	['foʎa]

Laub (n)	folhagem (f)	[fo'ʎaʒẽ]
Laubfall (m)	queda (f) das folhas	['kɛda das 'foʎas]
fallen (Blätter)	cair (vi)	[ka'ir]
Wipfel (m)	topo (m)	['topu]
Zweig (m)	ramo (m)	['hamu]
Ast (m)	galho (m)	['gaʎu]
Knospe (f)	botão (m)	[bo'tãw]
Nadel (f)	agulha (f)	[a'guʎa]
Zapfen (m)	pinha (f)	['piɲa]
Höhlung (f)	buraco (m) de árvore	[bu'raku de 'arvori]
Nest (n)	ninho (m)	['niɲu]
Höhle (f)	toca (f)	['tɔka]
Stamm (m)	tronco (m)	['trõku]
Wurzel (f)	raiz (f)	[ha'iz]
Rinde (f)	casca (f) de árvore	['kaska de 'arvori]
Moos (n)	musgo (m)	['muzgu]
entwurzeln (vt)	arrancar pela raiz	[ahã'kar 'pɛla ha'iz]
fällen (vt)	cortar (vt)	[kor'tar]
abholzen (vt)	desflorestar (vt)	[dʒisflores'tar]
Baumstumpf (m)	toco, cepo (m)	['toku], ['sepu]
Lagerfeuer (n)	fogueira (f)	[fo'gejra]
Waldbrand (m)	incêndio (m) florestal	[ĩ'sẽdʒju flores'taw]
löschen (vt)	apagar (vt)	[apa'gar]
Förster (m)	guarda-parque (m)	['gwarda 'parki]
Schutz (m)	proteção (f)	[prote'sãw]
beschützen (vt)	proteger (vt)	[prote'ʒer]
Wilddieb (m)	caçador (m) furtivo	[kasa'dor fur'tʃivu]
Falle (f)	armadilha (f)	arma'dʒiʎa]
sammeln, pflücken (vt)	colher (vt)	[ko'ʎer]
sich verirren	perder-se (vr)	[per'dersi]

132. natürliche Lebensgrundlagen

Naturressourcen (pl)	recursos (m pl) naturais	[he'kursus natu'rajs]
Bodenschätze (pl)	minerais (m pl)	[mine'rajs]
Vorkommen (n)	depósitos (m pl)	[de'pɔzitus]
Feld (Ölfeld usw.)	jazida (f)	[ʒa'zida]
gewinnen (vt)	extrair (vt)	[istra'jir]
Gewinnung (f)	extração (f)	[istra'sãw]
Erz (n)	minério (m)	[mi'nɛrju]
Bergwerk (n)	mina (f)	['mina]
Schacht (m)	poço (m) de mina	['posu de 'mina]
Bergarbeiter (m)	mineiro (m)	[mi'nejru]
Erdgas (n)	gás (m)	[gajs]
Gasleitung (f)	gasoduto (m)	[gazo'dutu]

Erdöl (n)	petróleo (m)	[pe'trɔlju]
Erdölleitung (f)	oleoduto (m)	[oljo'dutu]
Ölquelle (f)	poço (m) de petróleo	['posu de pe'trɔlju]
Bohrturm (m)	torre (f) petrolífera	['tohi petro'lifera]
Tanker (m)	petroleiro (m)	[petro'lejru]
Sand (m)	areia (f)	[a'reja]
Kalkstein (m)	calcário (m)	[kaw'karju]
Kies (m)	cascalho (m)	[kas'kaʎu]
Torf (m)	turfa (f)	['turfa]
Ton (m)	argila (f)	[ar'ʒila]
Kohle (f)	carvão (m)	[kar'vãw]
Eisen (n)	ferro (m)	['fɛhu]
Gold (n)	ouro (m)	['oru]
Silber (n)	prata (f)	['prata]
Nickel (n)	níquel (m)	['nikew]
Kupfer (n)	cobre (m)	['kɔbri]
Zink (n)	zinco (m)	['zĩku]
Mangan (n)	manganês (m)	[mãga'nes]
Quecksilber (n)	mercúrio (m)	[mer'kurju]
Blei (n)	chumbo (m)	['ʃũbu]
Mineral (n)	mineral (m)	[mine'raw]
Kristall (m)	cristal (m)	[kris'taw]
Marmor (m)	mármore (m)	['marmori]
Uran (n)	urânio (m)	[u'ranju]

Die Erde. Teil 2

133. Wetter

Wetter (n)	tempo (m)	['tẽpu]
Wetterbericht (m)	previsão (f) do tempo	[previ'zãw du 'tẽpu]
Temperatur (f)	temperatura (f)	[tẽpera'tura]
Thermometer (n)	termômetro (m)	[ter'mometru]
Barometer (n)	barômetro (m)	[ba'rometru]
feucht	úmido	['umidu]
Feuchtigkeit (f)	umidade (f)	[umi'dadʒi]
Hitze (f)	calor (m)	[ka'lor]
glutheiß	tórrido	['tɔhidu]
ist heiß	está muito calor	[is'ta 'mwĩtu ka'lor]
ist warm	está calor	[is'ta ka'lor]
warm (Adj)	quente	['kẽtʃi]
ist kalt	está frio	[is'ta 'friu]
kalt (Adj)	frio	['friu]
Sonne (f)	sol (m)	[sɔw]
scheinen (vi)	brilhar (vi)	[bri'ʎar]
sonnig (Adj)	de sol, ensolarado	[de sɔw], [ẽsola'radu]
aufgehen (vi)	nascer (vi)	[na'ser]
untergehen (vi)	pôr-se (vr)	['porsi]
Wolke (f)	nuvem (f)	['nuvẽj]
bewölkt, wolkig	nublado	[nu'bladu]
Regenwolke (f)	nuvem (f) preta	['nuvẽj 'preta]
trüb (-er Tag)	escuro	[is'kuru]
Regen (m)	chuva (f)	['ʃuva]
Es regnet	está a chover	[is'ta a ʃo'ver]
regnerisch (-er Tag)	chuvoso	[ʃu'vozu]
nieseln (vi)	chuviscar (vi)	[ʃuvis'kar]
strömender Regen (m)	chuva (f) torrencial	['ʃuva tohẽ'sjaw]
Regenschauer (m)	aguaceiro (m)	[agwa'sejru]
stark (-er Regen)	forte	['fɔrtʃi]
Pfütze (f)	poça (f)	['posa]
nass werden (vi)	molhar-se (vr)	[mo'ʎarsi]
Nebel (m)	nevoeiro (m)	[nevo'ejru]
neblig (-er Tag)	de nevoeiro	[de nevu'ejru]
Schnee (m)	neve (f)	['nɛvi]
Es schneit	está nevando	[is'ta ne'vãdu]

134. Unwetter. Naturkatastrophen

Gewitter (n)	trovoada (f)	[tro'vwada]
Blitz (m)	relâmpago (m)	[he'lãpagu]
blitzen (vi)	relampejar (vi)	[helãpe'ʒar]
Donner (m)	trovão (m)	[tro'vãw]
donnern (vi)	trovejar (vi)	[trove'ʒar]
Es donnert	está trovejando	[is'ta trove'ʒãdu]
Hagel (m)	granizo (m)	[gra'nizu]
Es hagelt	está caindo granizo	[is'ta ka'ĩdu gra'nizu]
überfluten (vt)	inundar (vt)	[inũ'dar]
Überschwemmung (f)	inundação (f)	[ĩtrodu'sãw]
Erdbeben (n)	terremoto (m)	[tehe'mɔtu]
Erschütterung (f)	abalo, tremor (m)	[a'balu], [tre'mor]
Epizentrum (n)	epicentro (m)	[epi'sẽtru]
Ausbruch (m)	erupção (f)	[erup'sãw]
Lava (f)	lava (f)	['lava]
Wirbelsturm (m)	tornado (m)	[tor'nadu]
Tornado (m)	tornado (m)	[tor'nadu]
Taifun (m)	tufão (m)	[tu'fãw]
Orkan (m)	furacão (m)	[fura'kãw]
Sturm (m)	tempestade (f)	[tẽpes'tadʒi]
Tsunami (m)	tsunami (m)	[tsu'nami]
Zyklon (m)	ciclone (m)	[si'klɔni]
Unwetter (n)	mau tempo (m)	[maw 'tẽpu]
Brand (m)	incêndio (m)	[ĩ'sẽdʒju]
Katastrophe (f)	catástrofe (f)	[ka'tastrofi]
Meteorit (m)	meteorito (m)	[meteo'ritu]
Lawine (f)	avalanche (f)	[ava'lãʃi]
Schneelawine (f)	deslizamento (m) de neve	[dʒizliza'mẽtu de 'nɛvi]
Schneegestöber (n)	nevasca (f)	[ne'vaska]
Schneesturm (m)	tempestade (f) de neve	[tẽpes'tadʒi de 'nɛvi]

Fauna

135. Säugetiere. Raubtiere

Raubtier (n)	predador (m)	[preda'dor]
Tiger (m)	tigre (m)	['tʃigri]
Löwe (m)	leão (m)	[le'ãw]
Wolf (m)	lobo (m)	['lobu]
Fuchs (m)	raposa (f)	[ha'pozu]
Jaguar (m)	jaguar (m)	[ʒa'gwar]
Leopard (m)	leopardo (m)	[ljo'pardu]
Gepard (m)	chita (f)	['ʃita]
Panther (m)	pantera (f)	[pã'tɛra]
Puma (m)	puma (m)	['puma]
Schneeleopard (m)	leopardo-das-neves (m)	[ljo'pardu das 'nɛvis]
Luchs (m)	lince (m)	['lĩsi]
Kojote (m)	coiote (m)	[ko'jɔtʃi]
Schakal (m)	chacal (m)	[ʃa'kaw]
Hyäne (f)	hiena (f)	['jena]

136. Tiere in freier Wildbahn

Tier (n)	animal (m)	[ani'maw]
Bestie (f)	besta (f)	['besta]
Eichhörnchen (n)	esquilo (m)	[is'kilu]
Igel (m)	ouriço (m)	[o'risu]
Hase (m)	lebre (f)	['lɛbri]
Kaninchen (n)	coelho (m)	[ko'eʎu]
Dachs (m)	texugo (m)	[te'ʃugu]
Waschbär (m)	guaxinim (m)	[gwaʃi'nĩ]
Hamster (m)	hamster (m)	['amster]
Murmeltier (n)	marmota (f)	[mah'mɔta]
Maulwurf (m)	toupeira (f)	[to'pejra]
Maus (f)	rato (m)	['hatu]
Ratte (f)	ratazana (f)	[hata'zana]
Fledermaus (f)	morcego (m)	[mor'segu]
Hermelin (n)	arminho (m)	[ar'miɲu]
Zobel (m)	zibelina (f)	[zibe'lina]
Marder (m)	marta (f)	['mahta]
Wiesel (n)	doninha (f)	[dɔ'niɲa]
Nerz (m)	visom (m)	[vi'zõ]

Biber (m)	castor (m)	[kas'tor]
Fischotter (m)	lontra (f)	['lõtra]
Pferd (n)	cavalo (m)	[ka'valu]
Elch (m)	alce (m)	['awsi]
Hirsch (m)	veado (m)	['vjadu]
Kamel (n)	camelo (m)	[ka'melu]
Bison (m)	bisão (m)	[bi'zãw]
Wisent (m)	auroque (m)	[aw'rɔki]
Büffel (m)	búfalo (m)	['bufalu]
Zebra (n)	zebra (f)	['zebra]
Antilope (f)	antílope (m)	[ã'tʃilopi]
Reh (n)	corça (f)	['kɔrsa]
Damhirsch (m)	gamo (m)	['gamu]
Gämse (f)	camurça (f)	[ka'mursa]
Wildschwein (n)	javali (m)	[ʒava'li]
Wal (m)	baleia (f)	[ba'leja]
Seehund (m)	foca (f)	['fɔka]
Walroß (n)	morsa (f)	['mɔhsa]
Seebär (m)	urso-marinho (m)	['ursu ma'riɲu]
Delfin (m)	golfinho (m)	[gow'fiɲu]
Bär (m)	urso (m)	['ursu]
Eisbär (m)	urso (m) polar	['ursu po'lar]
Panda (m)	panda (m)	['pãda]
Affe (m)	macaco (m)	[ma'kaku]
Schimpanse (m)	chimpanzé (m)	[ʃĩpã'zɛ]
Orang-Utan (m)	orangotango (m)	[orãgu'tãgu]
Gorilla (m)	gorila (m)	[go'rila]
Makak (m)	macaco (m)	[ma'kaku]
Gibbon (m)	gibão (m)	[ʒi'bãw]
Elefant (m)	elefante (m)	[ele'fãtʃi]
Nashorn (n)	rinoceronte (m)	[hinose'rõtʃi]
Giraffe (f)	girafa (f)	[ʒi'rafa]
Flusspferd (n)	hipopótamo (m)	[ipo'pɔtamu]
Känguru (n)	canguru (m)	[kãgu'ru]
Koala (m)	coala (m)	['kwala]
Manguste (f)	mangusto (m)	[mã'gustu]
Chinchilla (n)	chinchila (f)	[ʃĩ'ʃila]
Stinktier (n)	cangambá (f)	[kã'gãba]
Stachelschwein (n)	porco-espinho (m)	['pɔrku is'piɲu]

137. Haustiere

Katze (f)	gata (f)	['gata]
Kater (m)	gato (m) macho	['gatu 'maʃu]
Hund (m)	cão (m)	['kãw]

Pferd (n)	cavalo (m)	[ka'valu]
Hengst (m)	garanhão (m)	[gara'nãw]
Stute (f)	égua (f)	['ɛgwa]
Kuh (f)	vaca (f)	['vaka]
Stier (m)	touro (m)	['toru]
Ochse (m)	boi (m)	[boj]
Schaf (n)	ovelha (f)	[o'veʎa]
Widder (m)	carneiro (m)	[kar'nejru]
Ziege (f)	cabra (f)	['kabra]
Ziegenbock (m)	bode (m)	['bɔdʒi]
Esel (m)	burro (m)	['buhu]
Maultier (n)	mula (f)	['mula]
Schwein (n)	porco (m)	['porku]
Ferkel (n)	leitão (m)	[lej'tãw]
Kaninchen (n)	coelho (m)	[ko'eʎu]
Huhn (n)	galinha (f)	[ga'liɲa]
Hahn (m)	galo (m)	['galu]
Ente (f)	pata (f)	['pata]
Enterich (m)	pato (m)	['patu]
Gans (f)	ganso (m)	['gãsu]
Puter (m)	peru (m)	[pe'ru]
Pute (f)	perua (f)	[pe'rua]
Haustiere (pl)	animais (m pl) domésticos	[ani'majs do'mɛstʃikus]
zahm	domesticado	[domestʃi'kadu]
zähmen (vt)	domesticar (vt)	[domestʃi'kar]
züchten (vt)	criar (vt)	[krjar]
Farm (f)	fazenda (f)	[fa'zẽda]
Geflügel (n)	aves (f pl) domésticas	['avis do'mɛstʃikas]
Vieh (n)	gado (m)	['gadu]
Herde (f)	rebanho (m), manada (f)	[he'baɲu], [ma'nada]
Pferdestall (m)	estábulo (m)	[is'tabulu]
Schweinestall (m)	chiqueiro (m)	[ʃi'kejru]
Kuhstall (m)	estábulo (m)	[is'tabulu]
Kaninchenstall (m)	coelheira (f)	[kue'ʎejra]
Hühnerstall (m)	galinheiro (m)	[gali'ɲejru]

138. Vögel

Vogel (m)	pássaro (m), ave (f)	['pasaru], ['avi]
Taube (f)	pombo (m)	['põbu]
Spatz (m)	pardal (m)	[par'daw]
Meise (f)	chapim-real (m)	[ʃa'pĩ-he'aw]
Elster (f)	pega-rabuda (f)	['pega-ha'buda]
Rabe (m)	corvo (m)	['korvu]

Deutsch	Portugiesisch	Aussprache
Krähe (f)	gralha-cinzenta (f)	['graʎa sĩ'zẽta]
Dohle (f)	gralha-de-nuca-cinzenta (f)	['graʎa de 'nuka sĩ'zẽta]
Saatkrähe (f)	gralha-calva (f)	['graʎa 'kawvu]
Ente (f)	pato (m)	['patu]
Gans (f)	ganso (m)	['gãsu]
Fasan (m)	faisão (m)	[faj'zãw]
Adler (m)	águia (f)	['agja]
Habicht (m)	açor (m)	[a'sor]
Falke (m)	falcão (m)	[faw'kãw]
Greif (m)	abutre (m)	[a'butri]
Kondor (m)	condor (m)	[kõ'dor]
Schwan (m)	cisne (m)	['sizni]
Kranich (m)	grou (m)	[grow]
Storch (m)	cegonha (f)	[se'gɔɲa]
Papagei (m)	papagaio (m)	[papa'gaju]
Kolibri (m)	beija-flor (m)	[bejʒa'flɔr]
Pfau (m)	pavão (m)	[pa'vãw]
Strauß (m)	avestruz (m)	[aves'truz]
Reiher (m)	garça (f)	['garsa]
Flamingo (m)	flamingo (m)	[fla'mĩgu]
Pelikan (m)	pelicano (m)	[peli'kanu]
Nachtigall (f)	rouxinol (m)	[hoʃi'nɔw]
Schwalbe (f)	andorinha (f)	[ãdo'riɲa]
Drossel (f)	tordo-zornal (m)	['tɔrdu-zor'nal]
Singdrossel (f)	tordo-músico (m)	['tɔrdu-'muziku]
Amsel (f)	melro-preto (m)	['mɛwhu 'pretu]
Segler (m)	andorinhão (m)	[ãdori'ɲãw]
Lerche (f)	laverca, cotovia (f)	[la'verka], [kutu'via]
Wachtel (f)	codorna (f)	[ko'dɔrna]
Specht (m)	pica-pau (m)	['pika 'paw]
Kuckuck (m)	cuco (m)	['kuku]
Eule (f)	coruja (f)	[ko'ruʒa]
Uhu (m)	bufo-real (m)	['bufu-he'aw]
Auerhahn (m)	tetraz-grande (m)	[tɛ'tras-'grãdʒi]
Birkhahn (m)	tetraz-lira (m)	[tɛ'tras-'lira]
Rebhuhn (n)	perdiz-cinzenta (f)	[per'dis sĩ'zẽta]
Star (m)	estorninho (m)	[istor'niɲu]
Kanarienvogel (m)	canário (m)	[ka'narju]
Haselhuhn (n)	galinha-do-mato (f)	[ga'liɲa du 'matu]
Buchfink (m)	tentilhão (m)	[tẽtʃi'ʎãw]
Gimpel (m)	dom-fafe (m)	[dõ'fafi]
Möwe (f)	gaivota (f)	[gaj'vɔta]
Albatros (m)	albatroz (m)	[alba'trɔs]
Pinguin (m)	pinguim (m)	[pĩ'gwĩ]

139. Fische. Meerestiere

Brachse (f)	brema (f)	['brema]
Karpfen (m)	carpa (f)	['karpa]
Barsch (m)	perca (f)	['pehka]
Wels (m)	siluro (m)	[si'luru]
Hecht (m)	lúcio (m)	['lusju]

| Lachs (m) | salmão (m) | [saw'mãw] |
| Stör (m) | esturjão (m) | [istur'ʒãw] |

Hering (m)	arenque (m)	[a'rẽki]
atlantische Lachs (m)	salmão (m) do Atlântico	[saw'mãw du at'lãtʃiku]
Makrele (f)	cavala, sarda (f)	[ka'vala], ['sarda]
Scholle (f)	solha (f), linguado (m)	['soʎa], [lĩ'gwadu]

Zander (m)	lúcio perca (m)	['lusju 'perka]
Dorsch (m)	bacalhau (m)	[baka'ʎaw]
Tunfisch (m)	atum (m)	[a'tũ]
Forelle (f)	truta (f)	['truta]

Aal (m)	enguia (f)	[ẽ'gia]
Zitterrochen (m)	raia (f) elétrica	['haja e'lɛtrika]
Muräne (f)	moreia (f)	[mo'reja]
Piranha (m)	piranha (f)	[pi'raɲa]

Hai (m)	tubarão (m)	[tuba'rãw]
Delfin (m)	golfinho (m)	[gow'fiɲu]
Wal (m)	baleia (f)	[ba'leja]

Krabbe (f)	caranguejo (m)	[karã'geʒu]
Meduse (f)	água-viva (f)	['agwa 'viva]
Krake (f)	polvo (m)	['powvu]

Seestern (m)	estrela-do-mar (f)	[is'trela du 'mar]
Seeigel (m)	ouriço-do-mar (m)	[o'risu du 'mar]
Seepferdchen (n)	cavalo-marinho (m)	[ka'valu ma'riɲu]

Auster (f)	ostra (f)	['ostra]
Garnele (f)	camarão (m)	[kama'rãw]
Hummer (m)	lagosta (f)	[la'gosta]
Languste (f)	lagosta (f)	[la'gosta]

140. Amphibien Reptilien

| Schlange (f) | cobra (f) | ['kɔbra] |
| Gift-, giftig | venenoso | [vene'nozu] |

Viper (f)	víbora (f)	['vibora]
Kobra (f)	naja (f)	['naʒa]
Python (m)	píton (m)	['pitɔn]
Boa (f)	jiboia (f)	[ʒi'bɔja]
Ringelnatter (f)	cobra-de-água (f)	[kɔbra de 'agwa]

| Klapperschlange (f) | cascavel (f) | [kaska'vɛw] |
| Anakonda (f) | anaconda, sucuri (f) | [ana'kõda], [sukuri] |

Eidechse (f)	lagarto (m)	[la'gartu]
Leguan (m)	iguana (f)	[i'gwana]
Waran (m)	varano (m)	[va'ranu]
Salamander (m)	salamandra (f)	[sala'mãdra]
Chamäleon (n)	camaleão (m)	[kamale'ãu]
Skorpion (m)	escorpião (m)	[iskorpi'ãw]

Schildkröte (f)	tartaruga (f)	[tarta'ruga]
Frosch (m)	rã (f)	[hã]
Kröte (f)	sapo (m)	['sapu]
Krokodil (n)	crocodilo (m)	[kroko'dʒilu]

141. Insekten

Insekt (n)	inseto (m)	[ĩ'sɛtu]
Schmetterling (m)	borboleta (f)	[borbo'leta]
Ameise (f)	formiga (f)	[for'miga]
Fliege (f)	mosca (f)	['moska]
Mücke (f)	mosquito (m)	[mos'kitu]
Käfer (m)	escaravelho (m)	[iskara'veʎu]

Wespe (f)	vespa (f)	['vespa]
Biene (f)	abelha (f)	[a'beʎa]
Hummel (f)	mamangaba (f)	[mamã'gaba]
Bremse (f)	moscardo (m)	[mos'kardu]

| Spinne (f) | aranha (f) | [a'raɲa] |
| Spinnennetz (n) | teia (f) de aranha | ['teja de a'raɲa] |

Libelle (f)	libélula (f)	[li'bɛlula]
Grashüpfer (m)	gafanhoto (m)	[gafa'ɲotu]
Schmetterling (m)	traça (f)	['trasa]

Schabe (f)	barata (f)	[ba'rata]
Zecke (f)	carrapato (m)	[kaha'patu]
Floh (m)	pulga (f)	['puwga]
Kriebelmücke (f)	borrachudo (m)	[boha'ʃudu]

Heuschrecke (f)	gafanhoto-migratório (m)	[gafa'ɲotu-migra'tɔrju]
Schnecke (f)	caracol (m)	[kara'kɔw]
Heimchen (n)	grilo (m)	['grilu]
Leuchtkäfer (m)	pirilampo, vaga-lume (m)	[piri'lãpu], [vaga-'lumi]
Marienkäfer (m)	joaninha (f)	[ʒwa'niɲa]
Maikäfer (m)	besouro (m)	[be'zoru]

Blutegel (m)	sanguessuga (f)	[sãgi'suga]
Raupe (f)	lagarta (f)	[la'garta]
Wurm (m)	minhoca (f)	[mi'ɲɔka]
Larve (f)	larva (f)	['larva]

Flora

142. Bäume

Deutsch	Portugiesisch	Aussprache
Baum (m)	árvore (f)	['arvori]
Laub-	decídua	[de'sidwa]
Nadel-	conífera	[ko'nifera]
immergrün	perene	[pe'rɛni]
Apfelbaum (m)	macieira (f)	[ma'sjejra]
Birnbaum (m)	pereira (f)	[pe'rejra]
Süßkirschbaum (m)	cerejeira (f)	[sere'ʒejra]
Sauerkirschbaum (m)	ginjeira (f)	[ʒĩ'ʒejra]
Pflaumenbaum (m)	ameixeira (f)	[amej'ʃejra]
Birke (f)	bétula (f)	['bɛtula]
Eiche (f)	carvalho (m)	[kar'vaʎu]
Linde (f)	tília (f)	['tʃilja]
Espe (f)	choupo-tremedor (m)	['ʃopu-treme'dor]
Ahorn (m)	bordo (m)	['bɔrdu]
Fichte (f)	espruce (m)	[is'pruse]
Kiefer (f)	pinheiro (m)	[pi'ɲejru]
Lärche (f)	alerce, lariço (m)	[a'lɛrse], [la'risu]
Tanne (f)	abeto (m)	[a'bɛtu]
Zeder (f)	cedro (m)	['sɛdru]
Pappel (f)	choupo, álamo (m)	['ʃopu], ['alamu]
Vogelbeerbaum (m)	tramazeira (f)	[trama'zejra]
Weide (f)	salgueiro (m)	[saw'gejru]
Erle (f)	amieiro (m)	[a'mjejru]
Buche (f)	faia (f)	['faja]
Ulme (f)	ulmeiro, olmo (m)	[ul'mejru], ['ɔwmu]
Esche (f)	freixo (m)	['frejʃu]
Kastanie (f)	castanheiro (m)	[kasta'ɲejru]
Magnolie (f)	magnólia (f)	[mag'nɔlja]
Palme (f)	palmeira (f)	[paw'mejra]
Zypresse (f)	cipreste (m)	[si'prɛstʃi]
Mangrovenbaum (m)	mangue (m)	['mãgi]
Baobab (m)	embondeiro, baobá (m)	[ẽbõ'dejru], [bao'ba]
Eukalyptus (m)	eucalipto (m)	[ewka'liptu]
Mammutbaum (m)	sequoia (f)	[se'kwɔja]

143. Büsche

Deutsch	Portugiesisch	Aussprache
Strauch (m)	arbusto (m)	[ar'bustu]
Gebüsch (n)	arbusto (m), moita (f)	[ar'bustu], ['mɔjta]

Weinstock (m)	videira (f)	[vi'dejra]
Weinberg (m)	vinhedo (m)	[vi'ɲedu]

Himbeerstrauch (m)	framboeseira (f)	[frãboe'zejra]
schwarze Johannisbeere (f)	groselheira-negra (f)	[groze'ʎejra 'negra]
rote Johannisbeere (f)	groselheira-vermelha (f)	[grozɛ'ʎejra ver'meʎa]
Stachelbeerstrauch (m)	groselheira (f) espinhosa	[groze'ʎejra ispi'ɲoza]

Akazie (f)	acácia (f)	[a'kasja]
Berberitze (f)	bérberis (f)	['bɛrberis]
Jasmin (m)	jasmim (m)	[ʒaz'mĩ]

Wacholder (m)	junípero (m)	[ʒu'niperu]
Rosenstrauch (m)	roseira (f)	[ho'zejra]
Heckenrose (f)	roseira (f) brava	[ho'zejra 'brava]

144. Obst. Beeren

Frucht (f)	fruta (f)	['fruta]
Früchte (pl)	frutas (f pl)	['frutas]
Apfel (m)	maçã (f)	[ma'sã]
Birne (f)	pera (f)	['pera]
Pflaume (f)	ameixa (f)	[a'mejʃa]

Erdbeere (f)	morango (m)	[mo'rãgu]
Sauerkirsche (f)	ginja (f)	['ʒĩʒa]
Süßkirsche (f)	cereja (f)	[se'reʒa]
Weintrauben (pl)	uva (f)	['uva]

Himbeere (f)	framboesa (f)	[frãbo'eza]
schwarze Johannisbeere (f)	groselha (f) negra	[gro'zɛʎa 'negra]
rote Johannisbeere (f)	groselha (f) vermelha	[[gro'zɛʎa ver'meʎa]
Stachelbeere (f)	groselha (f) espinhosa	[gro'zɛʎa ispi'ɲoza]
Moosbeere (f)	oxicoco (m)	[oksi'koku]

Apfelsine (f)	laranja (f)	[la'rãʒa]
Mandarine (f)	tangerina (f)	[tãʒe'rina]
Ananas (f)	abacaxi (m)	[abaka'ʃi]

Banane (f)	banana (f)	[ba'nana]
Dattel (f)	tâmara (f)	['tamara]

Zitrone (f)	limão (m)	[li'mãw]
Aprikose (f)	damasco (m)	[da'masku]
Pfirsich (m)	pêssego (m)	['pesegu]

Kiwi (f)	quiuí (m)	[ki'vi]
Grapefruit (f)	toranja (f)	[to'rãʒa]

Beere (f)	baga (f)	['baga]
Beeren (pl)	bagas (f pl)	['bagas]
Preiselbeere (f)	arando (m) vermelho	[a'rãdu ver'meʎu]
Walderdbeere (f)	morango-silvestre (m)	[mo'rãgu siw'vɛstri]
Heidelbeere (f)	mirtilo (m)	[mih'tʃilu]

145. Blumen. Pflanzen

Blume (f)	flor (f)	[flɔr]
Blumenstrauß (m)	buquê (m) de flores	[bu'ke de 'floris]
Rose (f)	rosa (f)	['hɔza]
Tulpe (f)	tulipa (f)	[tu'lipa]
Nelke (f)	cravo (m)	['kravu]
Gladiole (f)	gladíolo (m)	[gla'dʒiolu]
Kornblume (f)	escovinha (f)	[isko'viɲa]
Glockenblume (f)	campainha (f)	[kampa'iɲa]
Löwenzahn (m)	dente-de-leão (m)	['dẽtʃi] de le'ãw]
Kamille (f)	camomila (f)	[kamo'mila]
Aloe (f)	aloé (m)	[alo'ɛ]
Kaktus (m)	cacto (m)	['kaktu]
Gummibaum (m)	fícus (m)	['fikus]
Lilie (f)	lírio (m)	['lirju]
Geranie (f)	gerânio (m)	[ʒe'ranju]
Hyazinthe (f)	jacinto (m)	[ʒa'sĩtu]
Mimose (f)	mimosa (f)	[mi'mɔza]
Narzisse (f)	narciso (m)	[nar'sizu]
Kapuzinerkresse (f)	capuchinha (f)	[kapu'ʃiɲa]
Orchidee (f)	orquídea (f)	[or'kidʒja]
Pfingstrose (f)	peônia (f)	[pi'onia]
Veilchen (n)	violeta (f)	[vjo'leta]
Stiefmütterchen (n)	amor-perfeito (m)	[a'mor per'fejtu]
Vergissmeinnicht (n)	não-me-esqueças (m)	['nãw mi is'kesas]
Gänseblümchen (n)	margarida (f)	[marga'rida]
Mohn (m)	papoula (f)	[pa'pola]
Hanf (m)	cânhamo (m)	['kaɲamu]
Minze (f)	hortelã, menta (f)	[orte'lã], ['mẽta]
Maiglöckchen (n)	lírio-do-vale (m)	['lirju du 'vali]
Schneeglöckchen (n)	campânula-branca (f)	[kã'panula-'brãka]
Brennnessel (f)	urtiga (f)	[ur'tʃiga]
Sauerampfer (m)	azedinha (f)	[aze'dʒinha]
Seerose (f)	nenúfar (m)	[ne'nufar]
Farn (m)	samambaia (f)	[samã'baja]
Flechte (f)	líquen (m)	['likẽ]
Gewächshaus (n)	estufa (f)	[is'tufa]
Rasen (m)	gramado (m)	[gra'madu]
Blumenbeet (n)	canteiro (m) de flores	[kã'tejru de 'floris]
Pflanze (f)	planta (f)	['plãta]
Gras (n)	grama (f)	['grama]
Grashalm (m)	folha (f) de grama	['foʎa de 'grama]

Blatt (n)	folha (f)	['foʎa]
Blütenblatt (n)	pétala (f)	['pɛtala]
Stiel (m)	talo (m)	['talu]
Knolle (f)	tubérculo (m)	[tu'berkulu]
Jungpflanze (f)	broto, rebento (m)	['brotu], [he'bẽtu]
Dorn (m)	espinho (m)	[is'piɲu]
blühen (vi)	florescer (vi)	[flore'ser]
welken (vi)	murchar (vi)	[mur'ʃar]
Geruch (m)	cheiro (m)	['ʃejru]
abschneiden (vt)	cortar (vt)	[kor'tar]
pflücken (vt)	colher (vt)	[ko'ʎer]

146. Getreide, Körner

Getreide (n)	grão (m)	['grãw]
Getreidepflanzen (pl)	cereais (m pl)	[se'rjajs]
Ähre (f)	espiga (f)	[is'piga]
Weizen (m)	trigo (m)	['trigu]
Roggen (m)	centeio (m)	[sẽ'teju]
Hafer (m)	aveia (f)	[a'veja]
Hirse (f)	painço (m)	[pa'ĩsu]
Gerste (f)	cevada (f)	[se'vada]
Mais (m)	milho (m)	['miʎu]
Reis (m)	arroz (m)	[a'hoz]
Buchweizen (m)	trigo-sarraceno (m)	['trigu-saha'sẽnu]
Erbse (f)	ervilha (f)	[er'viʎa]
weiße Bohne (f)	feijão (m) roxo	[fej'ʒãw 'hoʃu]
Sojabohne (f)	soja (f)	['sɔʒa]
Linse (f)	lentilha (f)	[lẽ'tʃiʎa]
Bohnen (pl)	feijão (m)	[fej'ʒãw]

LÄNDER. NATIONALITÄTEN

147. Westeuropa

Europa (n)	Europa (f)	[ew'rɔpa]
Europäische Union (f)	União (f) Europeia	[u'njãw euro'pɛja]
Österreich	Áustria (f)	['awstrja]
Großbritannien	Grã-Bretanha (f)	[grã-bre'taɲa]
England	Inglaterra (f)	[ĩgla'tɛha]
Belgien	Bélgica (f)	['bɛwʒika]
Deutschland	Alemanha (f)	[ale'mãɲa]
Niederlande (f)	Países Baixos (m pl)	[pa'jisis 'baɪʃus]
Holland (n)	Holanda (f)	[o'lãda]
Griechenland	Grécia (f)	['grɛsja]
Dänemark	Dinamarca (f)	[dʒina'marka]
Irland	Irlanda (f)	[ir'lãda]
Island	Islândia (f)	[iz'lãdʒa]
Spanien	Espanha (f)	[is'paɲa]
Italien	Itália (f)	[i'talja]
Zypern	Chipre (m)	['ʃipri]
Malta	Malta (f)	['mawta]
Norwegen	Noruega (f)	[nor'wɛga]
Portugal	Portugal (m)	[portu'gaw]
Finnland	Finlândia (f)	[fĩ'lãdʒja]
Frankreich	França (f)	['frãsa]
Schweden	Suécia (f)	['swɛsja]
Schweiz (f)	Suíça (f)	['swisa]
Schottland	Escócia (f)	[is'kɔsja]
Vatikan (m)	Vaticano (m)	[vatʃi'kanu]
Liechtenstein	Liechtenstein (m)	[liʃtẽs'tajn]
Luxemburg	Luxemburgo (m)	[luʃẽ'burgu]
Monaco	Mônaco (m)	['monaku]

148. Mittel- und Osteuropa

Albanien	Albânia (f)	[aw'banja]
Bulgarien	Bulgária (f)	[buw'garja]
Ungarn	Hungria (f)	[ũ'gria]
Lettland	Letônia (f)	[le'tonja]
Litauen	Lituânia (f)	[li'twanja]
Polen	Polônia (f)	[po'lonja]

Rumänien	Romênia (f)	[ho'menja]
Serbien	Sérvia (f)	['sɛhvia]
Slowakei (f)	Eslováquia (f)	islɔ'vakja]
Kroatien	Croácia (f)	[kro'asja]
Tschechien	República (f) Checa	[he'publika 'ʃeka]
Estland	Estônia (f)	[is'tonja]
Bosnien und Herzegowina	Bósnia e Herzegovina (f)	['bɔsnia i ɛrtsegɔ'vina]
Makedonien	Macedônia (f)	[mase'donja]
Slowenien	Eslovênia (f)	islɔ'venja]
Montenegro	Montenegro (m)	[mõtʃi'negru]

149. Frühere UdSSR Republiken

Aserbaidschan	Azerbaijão (m)	[azerbaj'ʒãw]
Armenien	Armênia (f)	[ar'menja]
Weißrussland	Belarus	[bela'rus]
Georgien	Geórgia (f)	['ʒɔrʒa]
Kasachstan	Cazaquistão (m)	[kazakis'tãw]
Kirgisien	Quirguistão (m)	[kirgis'tãw]
Moldawien	Moldávia (f)	[mow'davja]
Russland	Rússia (f)	['husja]
Ukraine (f)	Ucrânia (f)	[u'kranja]
Tadschikistan	Tajiquistão (m)	[taʒiki'stãw]
Turkmenistan	Turquemenistão (m)	[turkemenis'tãw]
Usbekistan	Uzbequistão (f)	[uzbekis'tãw]

150. Asien

Asien	Ásia (f)	['azja]
Vietnam	Vietnã (m)	[vjet'nã]
Indien	Índia (f)	['ĩdʒa]
Israel	Israel (m)	[izha'ɛw]
China	China (f)	['ʃina]
Libanon (m)	Líbano (m)	['libanu]
Mongolei (f)	Mongólia (f)	[mõ'gɔlja]
Malaysia	Malásia (f)	[ma'lazja]
Pakistan	Paquistão (m)	[pakis'tãw]
Saudi-Arabien	Arábia (f) Saudita	[a'rabja saw'dʒita]
Thailand	Tailândia (f)	[taj'lãdʒja]
Taiwan	Taiwan (m)	[taj'wan]
Türkei (f)	Turquia (f)	[tur'kia]
Japan	Japão (m)	[ʒa'pãw]
Afghanistan	Afeganistão (m)	[afeganis'tãw]
Bangladesch	Bangladesh (m)	[bãgla'dɛs]

Indonesien	Indonésia (f)	[ĩdo'nɛzja]
Jordanien	Jordânia (f)	[ʒor'danja]

Irak	Iraque (m)	[i'raki]
Iran	Irã (m)	[i'rã]
Kambodscha	Camboja (f)	[kã'bɔja]
Kuwait	Kuwait (m)	[ku'wejt]

Laos	Laos (m)	['laws]
Myanmar	Birmânia (f)	[bir'manja]
Nepal	Nepal (m)	[ne'paw]
Vereinigten Arabischen Emirate	Emirados Árabes Unidos	[emi'radus 'arabis u'nidus]

Syrien	Síria (f)	['sirja]
Palästina	Palestina (f)	[pales'tʃina]

Südkorea	Coreia (f) do Sul	[ko'rɛja du suw]
Nordkorea	Coreia (f) do Norte	[ko'rɛja du 'nɔrtʃi]

151. Nordamerika

Die Vereinigten Staaten	Estados Unidos da América (m pl)	[i'stadus u'nidus da a'mɛrika]
Kanada	Canadá (m)	[kana'da]
Mexiko	México (m)	['mɛʃiku]

152. Mittel- und Südamerika

Argentinien	Argentina (f)	[arʒẽ'tʃina]
Brasilien	Brasil (m)	[bra'ziw]
Kolumbien	Colômbia (f)	[ko'lõbja]

Kuba	Cuba (f)	['kuba]
Chile	Chile (m)	['ʃili]

Bolivien	Bolívia (f)	[bo'livja]
Venezuela	Venezuela (f)	[vene'zwɛla]

Paraguay	Paraguai (m)	[para'gwaj]
Peru	Peru (m)	[pe'ru]

Suriname	Suriname (m)	[suri'nami]
Uruguay	Uruguai (m)	[uru'gwaj]
Ecuador	Equador (m)	[ekwa'dor]

Die Bahamas	Bahamas (f pl)	[ba'amas]
Haiti	Haiti (m)	[aj'tʃi]

Dominikanische Republik	República (f) Dominicana	[he'publika domini'kana]
Panama	Panamá (m)	[pana'ma]
Jamaika	Jamaica (f)	[ʒa'majka]

153. Afrika

Ägypten	**Egito** (m)	[e'ʒitu]
Marokko	**Marrocos**	[ma'hɔkus]
Tunesien	**Tunísia** (f)	[tu'nizja]
Ghana	**Gana** (f)	['gana]
Sansibar	**Zanzibar** (m)	[zãzi'bar]
Kenia	**Quênia** (f)	['kenja]
Libyen	**Líbia** (f)	['libja]
Madagaskar	**Madagascar** (m)	[mada'gaskar]
Namibia	**Namíbia** (f)	[na'mibja]
Senegal	**Senegal** (m)	[sene'gaw]
Tansania	**Tanzânia** (f)	[tã'zanja]
Republik Südafrika	**África** (f) **do Sul**	['afrika du suw]

154. Australien. Ozeanien

Australien	**Austrália** (f)	[aws'tralja]
Neuseeland	**Nova Zelândia** (f)	['nɔva zi'lãdʒa]
Tasmanien	**Tasmânia** (f)	[taz'manja]
Französisch-Polynesien	**Polinésia** (f) **Francesa**	[poli'nɛzja frã'seza]

155. Städte

Amsterdam	**Amsterdã**	[amister'dã]
Ankara	**Ancara**	[ã'kara]
Athen	**Atenas**	[a'tenas]
Bagdad	**Bagdá**	[bagi'da]
Bangkok	**Bancoque**	[bã'kɔk]
Barcelona	**Barcelona**	[barse'lona]
Beirut	**Beirute**	[bej'rutʃi]
Berlin	**Berlim**	[ber'lĩ]
Bombay	**Mumbai**	[mũ'baj]
Bonn	**Bonn**	[bɔn]
Bordeaux	**Bordéus**	[bor'dɛus]
Bratislava	**Bratislava**	[brati'slava]
Brüssel	**Bruxelas**	[bru'ʃɛlas]
Budapest	**Budapeste**	[buda'pɛstʃi]
Bukarest	**Bucareste**	[buka'rɛstʃi]
Chicago	**Chicago**	[ʃi'kagu]
Daressalam	**Dar es Salaam**	[dar es sa'lãm]
Delhi	**Deli**	['dɛli]
Den Haag	**Haia**	['aja]
Dubai	**Dubai**	[du'baj]
Dublin	**Dublim**	[dub'lĩ]

Düsseldorf	Düsseldorf	[duseldɔrf]
Florenz	Florença	[flo'rẽsa]
Frankfurt	Frankfurt	['fräkfurt]
Genf	Genebra	[ʒe'nɛbra]

Hamburg	Hamburgo	[ã'burgu]
Hanoi	Hanói	[ha'nɔj]
Havanna	Havana	[a'vana]
Helsinki	Helsinque	[ew'sĩki]
Hiroshima	Hiroshima	[irɔ'ʃima]
Hongkong	Hong Kong	[oŋ'koŋ]
Istanbul	Istambul	[istã'buw]
Jerusalem	Jerusalém	[ʒeruza'lẽ]

Kairo	Cairo	['kajru]
Kalkutta	Calcutá	[kawku'ta]
Kiew	Kiev, Quieve	[ki'ɛv], [ki'eve]
Kopenhagen	Copenhague	[kope'ɲagi]
Kuala Lumpur	Kuala Lumpur	['kwala lũ'pur]

Lissabon	Lisboa	[liz'boa]
London	Londres	['lõdris]
Los Angeles	Los Angeles	[loz 'ãʒeles]
Lyon	Lion	[li'ɔŋ]

Madrid	Madrid	[ma'drid]
Marseille	Marselha	[mar'sɛʎa]
Mexiko-Stadt	Cidade do México	[si'dadʒi du 'mɛʃiku]
Miami	Miami	[ma'jami]
Montreal	Montreal	[mõtri'al]
Moskau	Moscou	[mos'kow]
München	Munique	[mu'niki]

Nairobi	Nairóbi	[naj'rɔbi]
Neapel	Nápoles	['napolis]
New York	Nova York	['nɔva 'jɔrk]
Nizza	Nice	['nisi]
Oslo	Oslo	['ɔzlow]
Ottawa	Ottawa	[ɔ'tawa]

Paris	Paris	[pa'ris]
Peking	Pequim	[pe'kĩ]
Prag	Praga	['praga]
Rio de Janeiro	Rio de Janeiro	['hiu de ʒa'nejru]
Rom	Roma	['homa]

Sankt Petersburg	São Petersburgo	['sãw peters'burgu]
Schanghai	Xangai	[ʃã'gaj]
Seoul	Seul	[se'uw]
Singapur	Cingapura (f)	[sĩga'pura]
Stockholm	Estocolmo	[isto'kɔwmu]
Sydney	Sydney	['sidnej]

Taipeh	Taipé	[taj'pɛ]
Tokio	Tóquio	['tɔkju]
Toronto	Toronto	[to'rõtu]

Venedig	**Veneza**	[ve'neza]
Warschau	**Varsóvia**	[var'sɔvja]
Washington	**Washington**	['waʃĩgtɔn]
Wien	**Viena**	['vjɛna]

www.ingramcontent.com/pod-product-compliance
Lightning Source LLC
Chambersburg PA
CBHW070555050426
42450CB00011B/2882